Monnaies Antiques

GAULOISES, GRECQUES & ROMAINES

MONNAIES DU MOYEN AGE ET MODERNES

LIVRES DE NUMISMATIQUE

Vente aux Enchères Publiques

A PARIS, HÔTEL DES COMMISSAIRES-PRISEURS, RUE DROUOT, 9.

SALLE N° 8, AU 1ᵉʳ ÉTAGE

Les Lundi 7, Mardi 8, Mercredi 9 Décembre 1908.

A DEUX HEURES PRÉCISES

EXPOSITION PUBLIQUE UNE HEURE AVANT LA VENTE

<table>
<tr><td>COMMISSAIRE-PRISEUR :
Mᵉ ÉMILE BOUDIN
14, RUE DE LA GRANGE-BATELIÈRE</td><td>EXPERT :
M. ÉTIENNE BOURGEY
7, RUE DROUOT</td></tr>
</table>

PARIS

Adresse Télégr. ETIENBOURG-PARIS

Exposition particulière :

Du Mardi, 1er, au Samedi 5 Décembre 1908, chez M. Étienne Bourgey, expert, 7, rue Drouot (Téléphone 274-64).

Exposition publique :

Les Lundi 7, Mardi 8, Mercredi 9 Décembre 1908. Hôtel des ventes,
salle 8, une heure avant la vente.

La vente aura lieu au comptant.

Les acquéreurs paieront dix pour cent en sus des enchères.

L'authenticité des pièces est garantie.

M. Étienne Bourgey, 7, rue Drouot, se charge aux conditions habituelles
(5 °/₀ sur la limite) des commissions qui lui seront confiées.

L'ordre du catalogue sera suivi ou non. L'expert se réserve le droit de
diviser ou de réunir les lots.

MONNAIES ANTIQUES

1 **Espagne**. *Belsinum*. ΩᴎXX. Tête barbue. ℞. IMOᴎVᔑ. Cavalier. Denier
  Arg. TB.

2 *Turiaso*. Tête barbue ; dans le champ, A·M·Δ· ℞. Δ♀ᴎ▷ᔑ↑. Cavalier.
  Denier. Arg. TB.

3 *Celtibériens*. Lot de 11 p. Cuivre.

4 **Gaule**. *Massilia*. Tête d'Artémis. ℞. MAΣΣA. Lion à dr. ; dessous, HH.
  Drachme. Arg. TB. Beau style.

5 Tête d'Apollon à g. ℞. MA. Roue. Obole. 2 var. Arg. TB.

6 Buste d'Artémis. ℞. MAΣΣA. Lion à g. — Autre. Lion à dr. Drachme.
  — Ens. 2 p. Arg. B. et TB.

7 *Cabellio*. CABE. Tête de nymphe à dr. ℞. LEPI. Corne d'abondance
  dans une couronne de myrte. Obole. Arg. TB. Très rare.

8 — Même tête, dans une couronne de myrte. ℞. COL. Tête casquée à
  dr. 2 var. PB. B.

9 *Volcae Arecomici*. Tête laurée à g. ℞. Cheval galopant à g. ; au-dessus,
  branche d'arbre. Drachme. Arg. TB. Rare.

10 *Nemausus*. Tête à dr. ℞. NEM.COL. dans une couronne de laurier.
  Obole. Arg. TB. Rare.

11 *Segusiavi*. SEGISV en creux sur une tête barbare. ℞. Génie au-dessus
  d'un cheval. Pot. B.

12 *Lugdunum*. Tête de Fulvie à dr. ℞. LVGVDVNI. Lion à dr. — Autres
  avec ANTONI.IMP. Sesterces. — Ens. 3 p. Arg.

13 *Vienna*. Têtes de César et d'Octave. ℞. Proue. GB.

14 *Volcae Tectosages*. Tête à g. ℞. Croix cantonnée de divers attributs. 3 var.
  Arg. TB.

15 — 2 autres variétés. Arg. *Petrocorii*. ANNICCOIOS Tête. ℞. Sanglier.
  PB. — Ens. 3 p.

16 *Elusates*. Tête informe. ℞ Cheval à g. 2 var. Arg. TB.

17 *Arverni*. Imitation des statères de Philippe. Tête laurée à dr. ℞. Aurige
  guidant un cheval à dr. ; dessous, foudre et ornement imitant une
  légende. Statère. Or. Très belle pièce.

18 EPAD. Buste casqué. ℞. Guerrier. — VERGA. Buste jeune. ℞. Cheval. — Ens. 2 p. PB.

19 *Sequani*. Tête à g. ℞. Sanglier. 2 var. Arg. — Tête informe. ℞. Taureau. Pot. — Ens. 3 p. B.

20 — **Q. DOCI**. Tête à g. ℞. Cheval. 2 var. — Tête à g. ℞. **TOGIRI**. Cheval. — Ens. 3 p. Arg. B.

21 — **TOGIRIX**. Tête casquée. ℞. Cheval. Arg. — **TOG**. Tête à dr. et tête à g. ℞. Cheval 2 var. Pot. — Ens. 3 p. TB.

22 *Carnutes*. Tête d'Apollon à g. ℞. Aurige dirigeant un cheval à g. ; dessous, une plante. Quart de statère. Or. TB. Rare.

23 — **COLDV**. Tête imberbe à g. ℞. Aigle à dr., tenant une proie. PB. TB. Rare.

24 — Tête jeune à dr. ℞. Aigle et aiglon. Br. TB.

25 *Redones*. Tête laurée à dr. ℞. Cheval androcéphale Statère. Arg. TB.

26 *Aulerci Cenomani*. Tête laurée à dr. ℞. Cheval androcéphale et aurige tenant un cordon à g. ; dessous, génie ailé à g. Statère. Électrum très pâle. TB.

27 Tête laurée à dr., une mèche sur le front. ℞. Androcéphale ailé à dr., l'aurige tient le vexillum ; au-dessous, guerrier couché. Statère. Or. B.

28 — Variété ; le guerrier tient une lance. Statère. Or. TB.

29 Tête laurée à g., avec la mèche. ℞. Androcéphale ailé à g., l'aurige tient le vexillum ; dessous, guerrier couché. Statère. Or. B.

30 *Incertaine de l'Armorique*. Tête d'Ogmius à dr. ℞. Cheval à dr. ; au-dessus, un aurige. Quart de statère. Or. B.

31 *Turones*. **TVRONOS**. Tête virile à dr. ℞. **TRICCOS**. Cheval à dr. et amphore. PB. B.

32 *Aulerci-Eburovices*. **PIXTILOS**. Tête d'Apollon. ℞. Aigle. PB. B.

33 *Calètes*. **CALEDV**. Buste à g. ℞. Cheval à g. Arg. B.

34 *Senones*. Tête à dr. ℞. Oiseau. 3 var. PB. B. et TB.

35 — Tête à dr. ℞. **VLLVCCI**. Oiseau à g. PB. B.

36 *Parisii*. Tête à dr., les cheveux en grosses mèches. ℞. Cheval à g., la bride flottante ; au-dessus, filet. Statère. Or. B.

37 *Silvanectes*. Tête nue à dr. ℞. Cheval à g. Pot. TB.

38 *Remi*. Tête dégénérée à g. ℞. Cheval à dr., avec aurige ; dessous, une roue. Statère. Or. B.

39 — Tête de Janus. ℞. Lion. PB. *Bellovaci*. **CRICIRV**. Cheval ailé. PB. *Leuci*. Sanglier. Pot. — Ens. 3 p. B.

40 *Incertaine de l'Est*. Tête d'Apollon lauré, à dr. ℞. Bige à dr. Quart de statère. Or. B.

41 — Tête à dr., les cheveux bouclés. ℞. Cheval ailé à dr. ; dessous, pseudo-légende. Tiers de statère. Or. TB.

42 *Atrebates*. Buste lauré à dr. ℞. Cheval disloqué à dr. Statère. Or. B.

43 — Tête dégénérée en forme de foudre. Pot. *Lingones*. Tête barbare à g. Pot. — Ens. 2 p. B. et TB.

44 *Groupe Gallo-Belge*. Quart de statère sans types, concave. Or.

45 *Treviri*. Grand œil. R⁄. **POTTINA**. Cheval à g. ; dessous, un astre. Statère. Or. B. Rare.

46 Tête d'Octave. R⁄. **GERMANVS·INDVTILLI·I**. Taureau. PB. TB.

47 *Boii*. Tête d'oiseau à g. R⁄. Figure cruciforme surmontée d'un fleuron. Statère. Or. B. Rare.

48 Figure cruciforme, champ concave. R⁄. lisse. Statère épais. Or. TB.

49 Triquetra dans une couronne de feuillage. R⁄. Six doubles annelets dans un entourage dentelé. Statère. Électrum. TB. Rare.

50 **Latium**. Tête de Mercure à g. ; derrière, 2 globules. R⁄. Même tête à dr. Sextans. Br. 37 mm. TB.

51 *Sabini*. Tête casquée de Pallas à g. ; dessous, **S**. R⁄. Tête féminine à g. ; dessous, **S**. Semis. Br. 55 mm. TB. Léger. fendu. Rare.

52 Dauphin à dr. ; dessous, 4 globules. R⁄. Foudre et 4 globules. Triens. Br. 48 mm. TB.

53 Main ouverte, entre 3 globules et le pedum. R⁄. Trois globules entre deux grains d'orge. Quadrans. Br. 40 mm. TB.

54 *Saura*. Grain d'orge et globule. Once. Br. 25 mm. TB.

55 *Sutrium*. Taureau courant à g. ; dessous, **S**. R⁄. Roue à 6 rayons. Semis. Br. 50 mm. B.

56 Tortue. R⁄. Roue à 6 rayons. Sextans. Br. 32 mm. TB.

57 **Guerre sociale**. *Corfinum*. **VIVƎTҺꓤ**. Tête laurée de l'Italie à g. R⁄. Soldat debout et taureau couché. Denier. Arg. TB.

58 **Campanie**. *Aurunces*. Tête de Pallas à dr. ; dessous, **S** ; derrière, une massue. R⁄. Même tête à g. Semis. Br. 51 mm. Très belle pièce. Rare.

59 Tête de Pallas à g. ; dessous, **S**. R⁄. Tête de femme à g. ; derrière, une faucille ; au-dessous, **S**. Semis. Br. 52 mm. Très belle pièce. Rare.

60 Osselet de chaque côté. Once. Br. 23 mm. TB.

61 *Calès*. Tête de Pallas à dr. R⁄. **CALENO** Victoire dans un bige à g. Didr. Arg. TB.

62 *Neapolis*. Tête de Pallas. R⁄. **NEOΠOΛITES** (rétrograde). Taureau androcéphale à dr. Didr. Arg. B.

63 **Apulie**. *Luceria*. Grand **X** ; au-dessus, 5 globules ; dessous, **Ļ**. R⁄. Grand **X**. Quincunx. Br. 34 mm. TB. et très rare.

64 Dauphin à dr. R⁄. Étoile. Quadrans. Br. 29 mm. B.

65 **Calabre**. *Tarente*. Taras sur le dauphin. R⁄. Figure assise, tenant une quenouille. — Éphèbe couronnant son cheval. — Ens. 2 didr. Arg. B.

66 **TAPAΣ**. Taras sur le dauphin à g., tenant un canthare et le trident. R⁄. **ΣA**. Cavalier à dr., frappant de la lance. Didr. Arg. TB.

67 Taras tenant un trépied. R⁄. **APEΘΩN**. Éphèbe couronnant son cheval. — Taras tenant une corne d'abondance. R⁄. **ΑΓΑΘΑΡΧΟΣ**. Même éphèbe. — Ens. 2 didr. Arg. B.

— 6 —

68 Taras tenant une Victoire et un trident. R⫟. **ΚΑΛΛΙΚΡΑΤΗΣ**. Cavalier cuirassé galopant à dr. Didr. Arg. TB. Rare.

69 Taras tenant un trident et un bouclier. R⫟. Cavalier. — Taras tenant un flambeau. R⫟. Éphèbe couronnant son cheval. — Ens. 2 didr. Arg. B.

70 Tête de femme à g. R⫟. **TA**. Éphèbe à dr., couronnant son cheval. Didr. Arg. B.

71 **Lucanie**. *Métaponte*. Tête de femme à g. R⫟. Épi. Didr. Arg.

72 Tête de Déméter à g. R⫟. **META**. Épi avec feuille à g. Didr. Arg. B. Joli style.

73 Tête casquée de Leucippe à dr. R⫟. **META**. Épi. Didr. Arg. B.

74 *Sybaris*. Taureau à g., retournant la tête ; au-dessus, **ΥΜ**. Grènetis. R⫟. Même type incus. Statère. Arg. TB.

75 *Thurium*. Tête de Pallas. R⫟. **ΘΟΥΡΙΩΝ**. Taureau à dr., la tête basse ; au bas, un poisson. Didr. Arg. TB.

76 *Vélia*. Tête de nymphe à g. R⫟. **ΥΕΛΗ**. Chouette à g. sur une branche d'olivier. Drachme. Arg. TB.

77 Tête de Pallas. R⫟. Lion à g., terrassant un cerf. Didr. 2 p. Arg. B.

78 **Bruttium**. Victoire couronnant un trophée. — Guerrier combattant, 2 var. — Aigle à g. — Ens. 4 p. Br. TB.

79 *Crotone*. Trépied ; à g. **ϞΡΟ** ; à dr. **ΤΟΝ**. R⫟. Trépied en creux. Statère. Arg. TB.

80 Trépied ; à dr. une cigogne ; à g. **ΟϞϞ**. R⫟. Trépied en creux. Statère épais. Arg. TB.

81 Trépied ; à g. **ΚΡΟ** ; à dr. une cigogne. R⫟. Aigle à g., sur une branche d'olivier. Didr. Arg. B.

82 Tête d'Apollon à dr. R⫟. Héraclès enfant étouffant deux serpents. Didr. Arg.

83 *Locriens Epizephiriens*. **ΛΟΚΡΩΝ**. Tête de Zeus à g. R⫟. Aigle à g. déchirant un lièvre. Didr. Arg. B.

84 *Terina*. **ΤΕΡΙΝΑΙΟΝ**. Tête de Térina à dr. R⫟. Niké assise à g. sur un cippe, la main dr. sur un caducée. Didr. Arg. B. Rare.

85 **Sicile**. *Adranum*. Tête d'Apollon. R⫟. Lyre. Br. 30 mm. B.

86 *Agrigente*. Aigle à g. ; derrière, **ΑΚΡΑϹ** ; devant, **ΣΟΤΝΑ**. R⫟. Crabe. Tétradr. Arg. B.

87 Aigle éployé. R⫟. Crabe entre 4 globules. Br. 26 mm. B.

88 Même pièce, contremarquée d'une tête d'Héraclès. Br.

89 *Catane*. **ΚΑΤΑΝΑΙΟΝ**. Tête laurée d'Apollon à dr. R⫟. Femme dans un quadrige au pas, à dr. Tétradr. archaïque. Arg. TB. Rare.

90 *Géla*. **ϹΕΛΑΣ**. Protomé de taureau androcéphale à dr. R⫟. Femme dans un quadrige, les chevaux couronnés par la Victoire. Tétradr. Arg. B.

91 *Héraclea Minoa*. Tête de Déméter à dr. ; devant, deux dauphins. R⫟.

Quadrige à g., la Victoire couronne l'aurige ; au bas, lég. punique. Tétradr. imité de Syracuse. Arg.

92 *Himère.* Six globules. Hémilitron. Br. 28 mm.

93 *Leontini.* **ᄂEONTINON**. Tête de lion à dr., entre quatre grains d'orge. R⁄. Figure dans un quadrige ; la Victoire couronne les chevaux. Tétradr. Arg. B.

94 Tête laurée d'Apollon à dr. R⁄. **ᄂEONTINON**. Tête de lion entre quatre grains d'orge. Tétradr. Arg. TB.

95 — Variété d'un autre style. Tétr. Arg. B.

96 *Messana.* **MEꙄꙄENION**. Lièvre courant à dr. R⁄. Homme dans un bige de mules, à dr. Tétradr. Arg. B.

97 — Variété. Les mules sont couronnées par la Victoire volant à dr. Tétradr. Arg. B.

98 **MEΣΣANION**. Lièvre courant à dr. ; dessous, un dauphin. R⁄. Victoire dans un bige de mules. Tétradr. Arg. B.

99 **NOINAΣΣEM**. Lièvre courant à g. ; dessous, tête de Pan à g. R⁄. Messana dans un bige de mules, couronnée par Nikè. Tétradr. Arg. B.

100 *Panorme. Domination carthaginoise.* Tête de Déméter. R⁄. Cheval debout. Statère. Electrum. TB.

101 Tête d'Héraclès à dr. R⁄. Tête de cheval à g. Tétradr. Arg. B.

102 *Syracuse.* Tête d'Héraclès à g. R⁄. **Σ.Y.P.A**. dans les quartiers d'un carré incus, ayant au centre une tête de femme à g. 20 litra. Or. TB.

103 Tête laurée d'Apollon à g. R⁄. **ΣYPAKOΣIΩN**. Trépied. 50 litra. Electrum. TB.

104 — Même droit. R⁄. Même lég. Lyre. 25 litra. Electrum. TB.

105 Petite tête de Niké à dr., avec bandeau perlé, entre quatre dauphins. R⁄. Quadrige à dr. ; au-dessus, Niké volant à dr. Tétradr. Arg. B.

106 — Variété, la tête plus grosse. Un serpent sous le quadrige. Tétradr. Arg. TB.

107 — Autre variété ; les cheveux relevés derrière la tête. Tétradr. Arg. B.

108 — Autre variété ; les cheveux retenus par un large bandeau. Tétradr. Arg. B.

109 — Autre ; chignon ligaturé, horizontal derrière la tête. Tétradr. Arg. B.

110 Tête de Coré à g. ; autour, trois dauphins. R⁄. Quadrige au galop à g. ; au-dessus, la triquétra ; au bas, **ΣYPAKOΣIΩN**. Tétradr. Arg. B.

111 **KOPAΣ**. Tête de Coré à dr. R⁄. **AΓAΘOKΛEOΣ**. Victoire à dr., fixant un casque au-dessus d'un trophée. Tétradr. Arg. B. Rare.

112 **Mœsie inférieure.** *Istros.* Deux têtes imberbes en sens contraire. R⁄. **IΣTPIH**. Aigle à g. sur un dauphin. Drachme. Arg. TB.

113 **Thrace.** *Ænos.* Tête d'Hermès à dr., avec le pétase sans ailes. R⁄. **AIN**.

Bouc à dr. ; devant, un caducée, le tout dans un carré incus. Tétradr. Arg. B. et rare.

114 *Byzantium*. ΠΥ. Taureau à g. ℞. Carré incus. Drachme. Arg. B.

115 *Maronea*. Tête de Dionysos. ℞. Dionysos deb. à g. Tétradr. Arg. TB.

116 *Lysimaque*. Tête diadémée et cornue d'Alexandre à dr. ℞. ΒΑΣΙΛΕΩΣ· ΛΥΣΙΜΑΧΟΥ. Athéna nicéphore assise à g. ; sous le siège, ΒΥ et trident ; devant, ΜΑ et Φ. Statère d'or de travail barbare fr. à Byzantium. TB.

117 — Même droit. ℞. Même lég. et type d'Athéna. Tétradr. Arg. B.

118 **Macédoine**. *Acanthe*. Protomé de taureau à g. ℞. Carré incus. Tétrobole. Arg. B.

119 *Neapolis*. Tête de Gorgone de face. ℞. Carré incus divisé en ailes de moulin. Statère. Arg. TB. Rare.

120 *Philippe II*. Tête laurée d'Apollon à dr. ℞. ΦΙΛΙΠΠΟΥ. Bige au galop à dr. ; dessous, un trident. Statère. Or. B.

121 Tête laurée de Zeus à dr. ℞. Même lég. Cavalier nu à dr., portant une palme ; sous le cheval, un foudre. Tétradr. Arg. TB.

122 *Alexandre III, le Grand*. Tête d'Athéna à dr. ℞. ΑΛΕΞΑΝΔΡΟΥ. Niké marchant à g. ; devant, Ρ. Statère. Or. TB.

123 — Même droit. ℞. ΑΛΕΞΑΝΔΡΟΥ·ΒΑΣΙΛΕΩΣ. Même type ; dans le champ, un casque à crinière (Mesembria). Statère. Or. TB.

124 Tête d'Héraclès. ℞. Zeus aetophore (Amphipolis). Tétradr. Arg. TB.

125 — Même tête d'un autre style. ℞. Variété du même type (Coela). Tétradr. Arg. TB.

126 — Autre variété, frappe sur flan large (Chios). Tétradr. Arg. TB.

127 *Philippe III*. Tête d'Athéna à dr., le casque orné de Pégase. ℞. ΦΙΛΙΠΠΟΥ·ΒΑΣΙΛΕΩΣ. Niké marchant à g. ; devant, tête radiée de face. Statère. Or. TB.

128 *Antigone Gonatas*. Tête de Pan sur un bouclier. ℞. ΒΑΣΙΛΕΩΣ·ΑΝΤΙΓΟΝΟΥ. Athéna à g., lançant la foudre. Tétradr. Arg. TB.

129 *Antigone Doson*. Tête de Poseidon à dr. ℞. ΒΑΣΙΛΕΩΣ·ΑΝΤΙΓΟΝΟΥ inscrit sur une proue sur laquelle Apollon, tenant un arc, est assis. Tétradr. Arg. B. Rare.

130 *Domination romaine*. Buste d'Artémis sur un bouclier. ℞. ΜΑΚΕΔΟΝΩΝ·ΠΡΩΤΗΣ. Massue dans une couronne. Tétradr. Arg. TB.

131 ΜΑΚΕΔΟΝΩΝ. Tête d'Alexandre à dr. ℞. AESILLAS·Ϙ. Massue entre un coffret et une chaise curule, dans une couronne. Tétradr. Arg. TB.

132 **Thessalie**. Tête de Zeus. ℞. ΘΕΣΣΑΛΩΝ· ΠΥΘΩΝΟΣ·ΚΛΕΟΜΑΧ. Athéna combattant. Double Victoriat. Arg. TB.

133 *Larissa*. Tête de Larissa de trois quarts à g., les cheveux flottants. ℞. ΛΑΡΙ. Cheval paissant à dr. Drachme. Arg. TB. Rare.

134 **Illyrie.** *Dyrrachium.* Vache allaitant son veau. R⁄. **ΔΥΡ**. Double carré étoilé. Statère. Arg. TB.

135 **Attique.** *Athènes.* Tête d'Athéna de style archaïque à dr. R⁄. **ΑΘΕ**. Chouette. Tétradr. Arg. TB.

136 — Autre, style postérieur. — Tête d'Athéna, le casque orné d'un Pégase. R⁄. **ΕΠΙ·ΓΕΝΗΣΑΝΔΡΟΣ·ΠΥΘΟΝΙ**. Chouette sur une amphore. — Ens. 2 tétradr. Arg. B.

137 *Égine.* Tortue de mer. R⁄. Carré creux. — Tortue de terre. R⁄. Carré creux. — Ens. 2 statères. Arg. B. et TB.

138 **Péloponnèse.** *Sicyone.* Chimère à g. R⁄. Colombe volant à g., dans une couronne. Statère. Arg. B.

139 *Élis.* Tête de Héra à dr., le stéphanos orné de 3 fleurons. R⁄. **FA** et foudre dans une couronne. Statère. Arg. B. Rare.

140 Tête d'Olympia à dr. R⁄. Aigle au repos à dr., se retournant, dans une couronne. Statère. Arg. B. Rare.

141 **Mysie.** *Pergame.* 2 cistophores variés. Arg. B.

142 *Eumène I.* Tête diadémée de Philétaire à dr. R⁄. **ΦΙΛΕΤΑΙΡΟΥ**. Athéna assise à g. Tétradr. Arg. B.

143 *Eumène II.* Tête laurée de Philétaire à dr. R⁄. Athéna assise à g., couronnant le nom **ΦΙΛΕΤΑΙΡΟΥ**. Tétradr. Arg. B.

144 **Éolide.** *Myrina.* Tête laurée d'Apollon à dr. R⁄. **ΜΥΡΙΝΑΙΩΝ**. Apollon debout à dr., tenant une patère et une branche de laurier ; devant lui, une amphore et l'omphalos, le tout dans une couronne de laurier. Tétradr. Arg. TB.

145 *Lesbos.* Tête d'Ammon imberbe à dr. R⁄. Aigle debout à dr., se retournant, dans un carré formé de lignes. Hecté. Électrum. TB.

146 **Ionie.** *Éphèse.* **ΕΦ**. Abeille. R⁄. Partie antérieure d'un cerf ; derrière, un palmier. Tétradr. Arg.

147 **Carie.** *Cnide.* Tête de lion à dr. R⁄. Tête d'Aphrodite à dr., dans un carré incus. Drachme. Arg. TB.

148 *Pixodaros.* Tête laurée d'Apollon de face. R⁄. **ΠΙΞΟΔΑΡΟΥ**. Zeus stratios debout à dr., tenant une bipenne et une lance. Didr. Arg. B. Rare.

149 — Mêmes types. Drachme. Arg. B.

150 *Rhodes.* Tête radiée d'Hélios de trois quarts à dr. R⁄. **ΑΓΗΣΙΔΑΜΟΣ·ΡΟ**. Fleur de balaustium. Didr. Arg. TB.

151 — Mêmes types. Didr. et drachme. — Ens. 2 p. Arg. B. et TB.

152 **Lydie.** Tête de lion à dr., un globule radié sur le chanfrein. R⁄. Carré incus oblong en deux parties. Tiers de statère. Électrum. B.

153 *Tralles.* 2 cistophores variés. Arg. B.

154 **Pamphylie.** *Aspendus.* Deux lutteurs. R⁄. **ΕΣΤFΕΔΙΙΥΣ**. Frondeur à dr., dans un carré perlé. Statère. Arg. B.

155 *Sidé.* Tête casquée d'Athéna à dr. ℞. **ΚΛΕΥΧ**. Niké tenant une couronne, debout à g. Tétradr. Arg. TB.

156 **Cilicie.** *Tarse.* Syennesis IV galopant à dr. ℞. *Tarse* en lég. araméenne. Hoplite grec, un genou en terre, combattant à g., couvert par un bouclier. Statère. Arg. Très rare.

157 *Datame.* Tête d'Aréthuse de face. ℞. Tête d'Arès avec casque athénien à dr. Lég. araméenne. Statère. Arg. B.

158 *Mazaïos.* Lég. araméenne. Baaltars assis à g. ℞. Lég. araméenne. Lion à g. dévorant un cerf. Statère. Arg. B.

159 **Galatie.** *Amyntas.* Tête d'Athéna à dr. ℞. **ΒΑΣΙΛΕΩΣ·ΑΜΥΝΤΟΥ**. Niké marchant à g. Tétradr. Arg. TB.

160 **Cappadoce.** *Césarée.* Trajan. Didr. et drachme. — Adrien. Didr. — Marc Aurèle. Didr. — Ens. 4 p. Arg. B. et TB.

161 **Syrie.** *Séleucus I.* Tête d'Héraclès à dr. ℞. **ΣΕΛΕΥΚΟΥ·ΒΑΣΙΛΕΩΣ**. Zeus aetophore assis à g. Tétradr. Arg. TB.

162 Tête laurée de Zeus à dr. ℞. Athéna lançant le foudre, dans un quadrige d'éléphants à dr. Tétradr. Arg. Rare.

163 *Antiochus III.* Sa tête diadémée à dr. ℞. **ΒΑΣΙΛΕΩΣ·ΑΝΤΙΟΧΟΥ**. Apollon assis à g. sur l'omphalos. Tétradr. Arg. TB.

164 *Alexandre I Bala.* Son buste diadémé à dr. ℞. **ΒΑΣΙΛΕΩΣ·ΑΛΕΞΑΝΔΡΟΥ**. Aigle à g. ; dans le champ, **ΒΞΡ·ΣΙΔΩ**. Tétradr. Arg. Très belle pièce.

165 *Antiochus VI.* Sa tête radiée à dr. ℞. **ΒΑΣΙΛΕΩΣ·ΑΝΤΙΟΧΟΥ· ΕΠΙΦΑΝΟΥΣ·ΔΙΟΝΥΣΟΥ**. Les Dioscures galopant à g. Tétradr. Arg. B. Rare.

166 *Antiochus VIII.* Sa tête diadémée à dr. ℞. **ΒΑΣΙΛΕΩΣ·ΑΝΤΙΟΧΟΥ· ΕΠΙΦΑΝΟΥΣ**. Zeus nicéphore assis à g. Tétradr. Arg. TB.

167 *Philippe.* Sa tête diadémée à dr. ℞. **ΒΑΣΙΛΕΩΣ·ΦΙΛΙΠΠΟΥ·ΕΠΙΦΑΝΟΥΣ·ΦΙΛΑΔΕΛΦΟΥ**. Zeus du précédent. Tétradr. Arg. TB.

168 **Phénicie.** *Sidon.* Galère. ℞. Artaxercès et un aurige dans un trige à g. ; derrière, un serviteur. Double statère. Arg. B.

169 *Tyr.* Tête de Melkart à dr. ℞. Aigle à g. Tétradr. Arg. TB.

170 **Bactriane.** *Euthydèmos.* Sa tête diadémée à dr. ℞. **ΒΑΣΙΛΕΩΣ·ΕΥΘΥΔΗΜΟΥ**. Héraclès assis à g. sur des rochers. Tétradr. Arg. B. Rare.

171 *Hooerkès.* **PAO·NANO·PAO·OOHPKI·KOPANO**. Buste couronné du roi à mi-corps à g., tenant un épi. ℞. **OKPO**. Siva avec quatre bras à g. Statère. Or. TB.

172 — Autre. Le roi est nimbé et tient un sceptre. ℞. **ΦΑPPO**. Divinité mâle sacrifiant à g. Statère. Or. TB.

173 *Bazodeo (Vasu Deva).* **PAO·NANO·BAZOΔHO·KOPANO**. Le roi sacrifiant à g. ℞. **OKPO**. Siva et le taureau debout. Statère. Or. TB.

173 *bis.* — Variété d'un autre coin. Statère. Or. TB.

174 *Derniers dynastes.* Le roi sacrifiant à g. ℞. **ΔΟΛΧΟΥ**. Femme nimbée
assise de face, tenant une corne d'abondance. Statère. Or. TB.

175 — Même droit varié. ℞. **ΠΠⵧΟΧ**. Même type. Statère. Or. TB.

176 **Égypte.** *Alexandre Ægus.* Tête d'Alexandre le Grand couverte de la peau
d'éléphant. ℞. **ΑΛΕΞΑΝΔΡΟΥ**. Athéna combattant à dr. Tétradr. Arg.
TB.

177 *Ptolémée Soter, Bérénice, Ptolémée II et Arsinoé.* **ΘΕΩΝ**. Bustes de Soter
diadémé et de Bérénice accolés, à dr. ℞. **ΑΔΕΛΦΩΝ**. Bustes de
Philadelphe diadémé et d'Arsinoé accolés, à dr. Octadrachme. Or.
Très belle pièce. Rare.

178 — Mêmes types. Tétradrachme. Or. Très belle pièce. Rare.

179 *Ptolémée.* Tête de Soter à dr. ℞. Aigle à g. Tétradr. 2 variétés dont 1 p.
TB. Arg.

180 *Arsinoé.* Sa tête voilée et diadémée à dr. ℞. **ΑΡΣΙΝΟΗΣ·ΦΙΛΑΔΕΛ-
ΦΟΥ**. Double corne d'abondance, ceinte d'un diadème. Décadr. Arg.
TB. mais un peu piquée sur le côté. Rare.

181 **Cyrénaïque.** *Cyrène.* Tête d'Ammon. ℞. **ΚΥΡΑ**. Silphium. Didr. Arg. B.

181 *bis.* **Mauritanie.** *Iuba II.* Corne d'abondance et sceptre. *Ptolémée.* Son
buste à dr. ℞. **R·A·I·** Palmier. — Ens. 2 p. Arg. B. et TB.

RÉPUBLIQUE ROMAINE [1]

---

182 Tête barbue de Janus bifrons. ℞. Proue ; au-dessus, I. As libral (B.
p. 34, 51). Br. 65 mm. TB. Rare.

183 Tête laurée de Jupiter à g. ; dessous, S. ℞. Proue ; au-dessus, S. Semis
libral (B. p. 35, 52). Br. 54 mm. TB. Rare.

184 Tête casquée de Rome à g. ; dessous, quatre globules. ℞. Proue ;
dessous, quatre globules. Triens libral (B. p. 35, 53). Br. 44 mm.

185 Tête de Mercure à g. ; derrière, deux globules. ℞. Proue ; au-dessous,
deux globules. Sextans libral (B. p. 36, 55). Br. 35 mm. B.

186 Tête du Soleil. ℞. Croissant. Once campanienne (21). — Tête de
Mercure à dr. ℞. Proue. Sextans réduit (18). — Ens. 2 p. Br. B.

---

1. Les numéros entre parenthèses se rapportent à l'ouvrage de M. E. Babelon, *Monnaies de la
République romaine.* Paris, 1885-86. 2 vol. in-8°.

187 Tête casquée de Rome à g. ; derrière, un globule. R⃫. ROMA. Proue ; dessous, un point. Once réduite (19). Br. TB.

188 Tête de Janus ; au dessus, I. R⃫. ROMA. Proue ; au-dessus, I. As (38)· Br. Beau.

189 Tête de Jupiter à dr. R⃫. Proue. Semis (50). — Sextans (53). 2 modules. — Ens. 3 p. Br. B.

190 Tête de Mercure à dr. R⃫. ROMA. Proue. Sextans (53). Br. TB. Jolie pièce patinée.

191 Tête de Janus. R⃫. L.F.P.ROMA. Proue ; au-dessus, une Victoire. As (*Famille Furia* I.) Br. Beau.

192 Même tête. R⃫. ROMA. Proue ; au-dessus, Ulysse à dr. As (*Famille Mamilia* B. manque). Br. B.

193 *Romano-Campaniennes*. Tête d'Hercule jeune à dr. R⃫. ROMANO. La louve allaitant les jumeaux (B. p. 13, 8). Arg. Beau.

194 Tête imberbe de Janus. R⃫. ROMA incus. Quadrige de Jupiter à dr. (B. p. 21, 23). Arg. TB.

195 — Mêmes types. ROMA en relief (B. p. 22, 24). Arg. FDC.

196 — Même droit. R⃫. ROMA. Quadrige de Jupiter à g. (B. p. 22, 25). Quinaire. Arg. TB.

197 Tête de Mars barbu à dr. ; derrière, LX. R⃫. ROMA. Aigle éployé sur un foudre, à droite. 60 sesterces (B. p. 25, 29). Or. Très belle pièce.

198 — Mêmes types avec XX. 20 sesterces (B. p. 26, 31). Or. TB.

199 *Types primitifs*. Tête de Rome à dr. R⃫. Les Dioscures (2, 3, 4). Denier, Quinaire et Sesterce. — Ens. 3 p. Arg. TB.

200 La Victoire dans un bige (6). — Diane dans un bige (22). — Les Dioscures (21). — Ens. 3 p. Arg. TB.

201 *Deniers anonymes*. Diane dans un bige de cerfs (101). — Rome assise (176). — Tête d'Apollon. R⃫. Jupiter dans un quadrige (226). — Ens. 3 p. Arg. TB.

202 *Aburia*. Le Soleil dans un quadrige (6). *Acilia*. Hercule dans un quadrige (4). — La Santé (8). — Ens. 3 p. Arg. TB.

203 *Accolcia*. P.ACCOLEIVS.LARISCOLVS. Buste d'Acca Larentia. R⃫. Trois cariatides (1). Arg. TB.

204 *Aelia*. Diane dans un bige (4). *Aemilia*. Arétas tenant un chameau (8). — Paul-Emile et Persée (10). — Ens. 3 p. Arg. TB.

205 *Afrania*. Victoire dans un bige (1). *Annia*. Buste d'Anna Perenna (1). *Antestia*. Jupiter dans un quadrige (9). — Ens. 3 p. Arg. TB. et FDC.

206 *Antonia* III.VIR.R.P.C. Buste de Fulvie à dr. R⃫. LVGDVNI.A.XL. Lion à dr. (32 bis). Quinaire. Arg. TB.

207 Victoire dans un quadrige (1). — LEG.II. Aigle entre deux enseignes

(105). — LEG.III. (106). — LEG.IV (108). —Ens. 4 p. Arg. TB et
FDC.

208 *Appuleia*. L.SATVRN.C. Saturne dans un quadrige à dr. ℞. ROMA. Même
quadrige (3). Arg. TB. Très rare.

209 Tête de Rome. ℞. Quadrige (1). *Aquillia*. Tête du soleil. ℞. Bige
de Diane (1). — Buste de la Valeur. ℞. Aquillius relevant la Sicile
(2). — Ens. 3 p. Arg. TB et FDC.

210 *Atilia*. La Victoire dans un bige (1). — Les Dioscures (8 et 9).
Aurelia. Tête de Vulcain. ℞. Aigle (21). — Ens. 4 p. Arg. TB et
FDC.

211 *Autronia*. Tête casquée de Rome à dr. ℞. AVTR.ROMA. Les Dioscures
à dr. (1). Arg. Belle. Très rare.

212 *Axia*. NASO.S.C. Tête casquée de Mars à dr. ℞. L.AXSIVS.L.F. Diane
à dr. dans un bige d'axis, entouré de chiens (2). Arg. B. Rare.

213 *Baebia*. Quadrige (12). *Caecilia*. Jupiter dans un bige d'éléphants (14).
— Bouclier macédonien (28). — Ens. 3 p. Arg. TB.

214 Tête d'Apollon. ℞. Bouclier (30). — Bige de la Pitié et tête d'éléphant (38). — Rome couronnée par la Victoire (45). — Ens. 3 p.
Arg. TB.

215 Q. METELL.SCIPIO.IMP. Tête de l'Afrique à dr. ℞. EPPIVS.LEG.F.C. Hercule debout (50). Arg. FDC. Très jolie pièce.

216 *Caesia*. Les dieux Lares (1) *Calpurnia*. Pison et Cépion à g. (5). —
Cavalier (11, 12, 24). — Ens. 5 p. Arg. TB.

217 *Carisia*. Outils de monnayeur (1). — Victoire dans un bige (2). —
id. dans un quadrige (3). — Sceptre, globe et gouvernail (4). — Ens.
4 p. Arg. TB et FDC.

218 Tête de Sibylle à dr. ℞. T.CARISIVS.III.VIR. Sphinx assis à dr. (10). Arg.
Très belle pièce.

219 *Cassia*. La Liberté dans un quadrige (1). — Bœufs à la charrue (4). —
Aigle sur un foudre (7). — Ens. 3 p. Arg. TB.

220 Q.CASSIVS.LIBERT. Tête de la Liberté à dr. ℞. Temple de Vesta (8).
Arg. TB.

221 Tête de Vesta. ℞. Citoyen votant (10). — Tête de la Liberté. ℞. Praefericulum et lituus (18). — Ens. 2 p. Arg. TB.

222 *Claudia*. Victoire dans un bige (1). — id. dans un trige (2). — id.
dans un bige (5). — Diane debout (15). — Ens. 4 p. Arg. TB et
FDC.

223 *Cloulia*. Victoire dans un bige à dr. (1). *Coelia*. id. dans un bige à g.
(5). *Considia*. Temple d'Eryx (1). — Ens. 3 p. Arg. TB.

224 *Cordia*. Tête de Vénus. ℞. Cupidon sur un dauphin (3). — Casque.
℞. Egide (4). — Ens. 2 p. Arg. TB.

225 *Cornelia.* Jupiter dans un quadrige (1). — Double corne d'abondance
(33). — Chaise curule (49). — Ens. 3 p. Arg. TB.

226 Victoire couronnant un trophée (51). Quinaire. — Globe, spectre et
gouvernail (54). — Sylla, Bocchus et Jugurtha (59). — Ens. 3 p. Arg.
TB.

227 FEELIX. Buste de Jugurtha à dr. R⁄. FAVSTVS. Diane dans un bige à dr.
(60). Arg. Très belle. Rare.

228 S.C. Tête de Vénus. R⁄. Trois trophées (63). Arg. FDC.

229 Triquétra à tête de Méduse. R⁄. LENT.MARC.COS. Jupiter debout (64).
Arg. Très belle.

230 L.LENT.C.MARC.COS. Tête de Jupiter jeune à dr. R⁄. Jupiter debout
(65). Arg. TB.

231 MARCELLINVS. Tête du consul Marcellus. R⁄. MARCELLVS.COS.QVINQ.
Marcellus consacrant les dépouilles de Viridomar dans le temple de
Jupiter (69). Arg. TB.

232 *Cossutia.* SABVLA. Tête de Méduse à g. R⁄. L.COSSVTI.C.F. Bellérophon
sur Pégase (1). Arg. TB.

233 *Crepereia.* Buste d'Amphitrite vu de dos, à dr. R⁄. Q.CREPEREI.ROCVS.
Neptune dans un bige d'hippocampes à dr. (1). Arg. Très belle et
très rare.

234 *Crepusia.* Tête d'Apollon. R⁄. Cavalier à dr. (1). *Critonia.* Les deux
édiles (1). — Ens. 2 p. Arg. TB.

235 *Curtia.* Jupiter dans un quadrige (1). *Decimia.* Diane dans un bige (1).
Domitia. Victoire dans un bige (14). — Ens. 3 p. Arg. TB.

236 *Egnatia.* Tête de la Liberté. R⁄. Rome et Vénus debout (2). *Egnatuleia*
Victoire et trophée (1). Quinaire. — Ens. 2 p. Arg. TB.

237 *Fabia.* Jupiter dans un quadrige (1). — Corne d'abondance (5). — Tête
de Cybèle. R⁄. Victoire dans un bige (15). — Ens. 3 p. Arg. TB.

238 *Farsuleia.* Citoyen montant dans un bige (1). *Flaminia.* Victoire dans
un bige (1). *Fonteia.* Galère (1). — Ens. 3 p. Arg. TB.

239 Têtes des Dioscures (7). — Génie sur la chèvre Amalthée (10). — Cavalier combattant (17). — Ens. 3 p. Arg. TB.

240 *Fufia.* Têtes de l'Honneur et de la Valeur. R⁄. L'Italie et Rome (1).
Fulvia. Bige (1). — Ens. 2 p. Arg. TB.

241 *Furia.* Tête de Janus (18). — Tête de Cybèle (19). — Tête de Cérès
(23). — Ens. 3 p. Arg. TB.

242 *Gargilia.* Tête d'Apollon à dr.; dessous, un foudre. R⁄. GAR.OCVL.VER.
Jupiter tonnant dans un quadrige à dr. (1). Arg. B. Rare.

243 *Herennia.* Anapias emportant son père (1). *Hosidia.* Sanglier blessé (1, 2).
— Ens. 3 p. Arg. TB.

244 *Hostilia.* Tête de Vercingétorix à dr. R⁄. L.HOSTILIVS.SASERNA. Gaulois
combattant en arrière sur un char (2). Arg. Très belle. Rare.

245 Tête de Pavor à dr. R⁄. Même lég. Diane d'Ephèse (4). Arg. FDC.

246 Tête de Vénus. R⁄. Même lég. Victoire (5). Arg. FDC.

247 *Julia*. Victoire dans un bige (3). — id. dans un quadrige (5). — CAESAR. Eléphant (9). — Ens. 3 p. Arg. TB.

238 Enée fuyant (10). — La Gaule et Vercingétorix sous un trophée (11). — Instruments de sacrifice (16). — Ens. 3 p. Arg. TB.

249 Buste de la Victoire à dr. R⁄. CAESAR.DIVI.F. Neptune debout à g. (117). Arg. FDC.

250 *Junia*. Les Dioscures (1). — Victoire dans un bige (15). — Ens. 2 p. Arg. FDC.

251 Tête de la Santé. R⁄. Victoire dans un bige (18). Arg. FDC.

252 Masque de Silène. R⁄. Victoire dans un bige (19). Arg. TB.

253 Tête de Brutus. R⁄. Tête d'Ahala (30). — Tête de la Liberté. R⁄. Brutus entre deux licteurs, précédés d'un hérault (31). — Ens. 2 p. Arg. TB.

254 *Licinia*. Buste de Vénus. R⁄. Chevalier tenant son cheval (18). Arg. TB.

255 Tête de la Bonne Foi. R⁄. Cavalier, trainant un captif (24). Arg. TB·

256 *Livineia*. Tête de Régulus. R⁄. L. Chaise curule (11). Arg. TB.

257 — Même droit. R⁄. Deux bestiaires combattant (12). Arg. TB.

258 *Lucilia*. Victoire dans un bige (1). *Lucretia*. Les Dioscures (1). — Cupidon sur un dauphin (3). — Ens. 3 p. Arg. TB.

259 *Lutatia*. Galère (2). *Mallia*. Victoire dans un trige (2). *Mamilia*. Ulysse et son chien (6). — Ens. 3 p. Arg. TB.

260 *Manlia*. SIBVLLA. Tête Sibylle. R⁄. L.TORQVAT.III.VIR. Trépied (12). Arg. TB. Jolie pièce.

261 *Marcia*. Victoire dans un bige (8). — Le satyre Marsyas (24). — Tête d'Ancus Marcius. R⁄. Statue équestre (28). — Ens. 3 p. Arg. TB et FDC.

262 *Maria*. Colon conduisant deux bœufs. (8, 9). — Ens. 2 p. Arg. TB.

263 *Memmia*. Castor et Pollux. (1). — Vénus dans un bige (8). — Ens. 2 p. Arg. TB.

264 Tête de Romulus. R⁄. Cérès assise à dr. (9). Arg. FDC.

265 Tête de Cérès. R⁄. C.MEMMIVS.IMPERATOR. Trophée (10). Arg. FDC.

266 *Minucia*. Les Dioscures (1). — Guerriers combattant (19). *Mussidia*. Vaisseau des cloaques (6). — Ens. 3 p. Arg. TB.

267 Buste du Soleil de face. R⁄. Même vaisseau (7). Arg. TB.

268 *Naevia*. Victoire dans un trige (6). *Nonia*. Rome et la Victoire. (1) *Norbana*. Épi, faisceau et caducée (2). — Ens. 3 p. Arg. TB et FDC.

269 *Neria*. VRB. Tête de Saturne. R⁄. Aigle entre deux enseignes (1). Arg. TB.

270 *Papia*. Griffon (1). *Papiria*. Jupiter dans un quadrige (7). *Petillia*. Aigle.
     Ŗ. Temple (2). — Ens. 3 p. Arg. TB.

271 *Petronia*. Buste de Féronie. Ŗ. Parthe agenouillé (9). *Pinaria*. Victoire
     dans un bige (1). — Ens. 2 p. Arg. FDC.

272 *Plaetoria*. Chaise curule (3). — Aigle sur un foudre (4). — Caducée
     ailé (6). — Ens. 3 p. Arg. TB et FDC.

273 Tête de femme. Ŗ. M.PLÆTORI.CEST.EX.S.C. Praefericulum et torche
     (7). Arg. Très jolie pièce. FDC.

274 Buste de femme. Ŗ. M.PLAETORI.CEST.S.C. Buste du Sort de face ; au-
     dessous SORS. (10). Arg. Très belle pièce. Rare.

275 *Plancia*. Bouquetin (1). *Plautia*. Jupiter dans un quadrige (12). — Bac-
     chus et chameau (13). — L'Aurore (14). — Ens. 4 p. Arg. TB et
     FDC.

276 *Plutia*. Les Dioscures (1). *Poblicia*. Héros débout à g. (6). — Hercule
     étouffant le lion (9). — Ens. 3 p. Arg. TB.

277 *Pompeia*. Chaise curule (5). *Pomponia*. Numa sacrifiant (6). — Bituit
     dans un bige (7). — Ens. 3 p. Arg. TB.

278 Tête d'Apollon. Ŗ. HERCVLES.MVSARVM. Hercule à dr., jouant de la
     lyre (8). Arg. FDC.

279 *Porcia*. La Liberté dans un quadrige (3). — Victoire assise. Denier et
     quinaire (5, 7). — Ens. 3 p. Arg. TB.

280 *Postumia*. Buste de Diane. Ŗ. A.ALBINVS.S.F. Trois cavaliers galopant
     à g. (4). Arg. FDC.

281 Sacrifice d'un bœuf (7). — Consulaire entre un aigle et un faisceau (8).
     — Chien courant (10). — Ens. 3 p. Arg. FDC.

282 PIETAS. Tête de la Pitié. Ŗ. ALBINVS.BRVTI.F. Mains jointes sur un
     caducée (10). Arg. FDC.

283 Tête de Mars. Ŗ. Même lég. Deux carnyx et deux boucliers (11). Arg.
     FDC.

284 A.POSTVMIVS.COS. Tête du consul Postumius Albinus. Ŗ. ALBINV.BRVTI.F.
     dans une couronne d'épis (14). Arg. FDC.

285 *Quinctia*. Buste d'Hercule. Ŗ. TI.Q. Cavalier à g. conduisant deux
     chevaux (6). Arg. FDC.

286 *Rustia*. Tête de Mars. Ŗ. L.RVSTI. Bélier (1). Arg. FDC.

287 Bustes accolés des deux Fortunes. Ŗ. Autel (3). Arg. TB.

288 *Rutilia*. Victoire dans un bige (1). *Satriena*. Louve (1). *Scribonia*. Les
     Dioscures (1). — Margelle de puits (8). — Ens. 4 p. Arg. TB et FDC.

289 *Sergia*. Cavalier (1). *Servilia* (1 et 5). — Ens. 3 p. Arg. TB.

290 Tête d'Apollon. Ŗ. Servilius Pulex à cheval à g., perçant de sa lance un
     cavalier (7). Arg. FDC.

291 Buste de Pallas. Ŗ. Victoire dans un bige (14). — Tête de Flore. Ŗ.
     Deux guerriers se présentant leurs épées (15). — Ens. 2 p. Arg. TB.

292 *Sicinia*. Tête d'Apollon. R⁄. Massue et peau de lion (1). — Tête de la
Fortune. R⁄. Caducée et palme (5). — Ens. 2 p. Arg. TB.

293 *Tarquitia*. Buste d'Anna Perenna (1). *Thoria*. Taureau (1). *Titia*. Tête
de Mutinus Titinus (1). — Tête de Bacchus. R⁄. Pégase (2). — Ens.
4 p. Arg. TB.

294 *Tituria*. L'enlèvement des Sabines (1). — Supplice de Tarpeia (4). —
Victoire dans un bige (6). — Ens. 3 p. Arg. B et TB.

295 *Valeria*. ACISCVLVS. Tête d'Apollon dans une couronne. R⁄. L.VALERIVS.
Valeria Luperca assise sur une génisse (16). Arg. TB.

296 — Variété sans la couronne (17). Arg. Très belle.

297 — Même lég. et tête dans la couronne. R⁄. Même lég. Sirène à dr. (18)
Arg. TB.

298 — Même lég. Tête du Soleil. R⁄. Même lég. Diane dans un bige (20).
Arg. FDC.

299 *Vettia*. Tête de Tatius. R⁄. Vettius dans un bige à g. (2). Arg. TB.

300 *Veturia*. Buste de Mars. R⁄. Deux guerriers prêtant serment sur un porc
(1). Arg. TB.

301 *Vibia*. PANSA. Pallas dans un quadrige à g. R⁄. C.VIBIVS.C.F. Pallas
dans un quadrige à dr. (5). Arg. Très belle. Rare.

302 Quadrige de Pallas (1). — Jupiter Axur assis (18). — Pallas (23). —
Ens. 3 p. Arg. TB.

303 *Lot*. Incertaines (3, 4, 25). Aburia (6). Aemilia (7, 8). Antestia (1, 9).
Antonia (1, 32, 111, 126). — Ens. 12 p. Arg.

304 — Appuleia (1). Aurelia (20). Baebia (12). Caecilia (28, 38). Caesia
(1). Calpurnia (11, 18). Cipia (1). — Ens. 9 p. Arg.

305 — Cassia (4, 6, 9, 10). Claudia (1, 5). Coelia (2). Cordia (1). Fabia
(1). Fannia (1). — Ens. 10 p. Arg.

306 — Cornelia (25, 28, 50, 51, 54). Flaminia (1). Fonteia (1, 7, 10).
Fundania (2). — Ens. 10 p. Arg.

307 — Furia (18). Herennia (1). Hosidia (1). Julia (1, 4, 5, 9). Junia (8,
15, 31). — Ens. 10 p. Arg.

308 — Licinia (7, 16). Lucretia (1, 2, 3). Lutatia (2). Mamilia (6).
Manlia (3). Maria (8, 9). — Ens. 10 p. Arg.

309 — Marcia (11, 18, 24, 28). Matiena (3). Memmia (8). Minucia (1, 3,
19). Naevia (6). Norbana (2). — Ens. 11 p. Arg.

310 — Papiria (7). Petronia (9). Poblicia (9). Pompeia (1). Pomponia (17).
Porcia (1, 4, 5, 7). Postumia (7). — Ens. 10 p. Arg.

311 — Procilia (1, 2). Quinctia (6). Renia (1). Rubria (1). Saufeia (1).
Scribonia (1). Sergia (1). Servilia (1). Sicinia (1). — Ens. 10 p.
Arg.

312 — Thoria (1). Titia (1, 2, 3). Tituria (1, 5, 6). Vibia (2, 18). Volteia
(1, 3). — Ens. 11 p. Arg.

EMPIRE ROMAIN [1]

313 **Pompée**. M.POBLICI.LEG.PRO.PR. Tête de Pallas. R⫯. CN.MAGNVS.IMP.
Pompée débarquant reçoit une palme présentée par l'Espagne (Babelon, *Pompeia*. 9 ; Cohen, 1). Arg. TB.

314 CN.PISO.PRO.Q. Tête de Numa à dr.. ; sur son diadème NVMA. R⫯.
MAGN.PRO.COS. Proue (B. *Calpurnia*. 30 ; C. 4). Arg. TB.

315 MAG.PIVS.IMP.ITER. Tête nue de Pompée à dr. R⫯. PRÆF.CLAS.ET.ORÆ.
MARIT.EX.S.C. Neptune entre Anapus et Amphinome (B. *Pompeia*.
27 ; C. 17). Arg. FDC. Rare dans cet état.

316 **J. César**. C.CAESAR.COS.ITER. Tête voilée de la Piété vieille à dr. R⫯.
A.HIRTIVS.PR. Lituus, proefericulum et hache (B. *Hirtia*. 2 ; C. 3).
Or. TB.

317 CAES.DIC.QVAT. Buste de Vénus à dr. R⫯. COS.QVINC. dans une couronne (B. *Julia*. 30 ; C. 20). Or. Belle.

318 C.CAES.DIC.TER. Buste de la Victoire à dr. R⫯. L.PLANC.PR.VRB. Vase à
sacrifice (B. *Munatia*. 1 ; C. 30). Or. Belle.

319 Tête laurée de César. R⫯. L.MVSSIDIVS.LONGVS. Gouvernail, globe, corne
d'abondance, caducée et apex (B. *Mussidia* 8 ; C. 29). Arg. TB.

320 CAESAR.IMP. Sa tête laurée. R⫯. M.METTIVS. Vénus nicéphore (B. *Mettia*
4 ; C. 34). Arg. Belle.

321 DIVI.IVLI. Même tête. R⫯. Q.VOCONIVS.VITVLVS. Veau marchant à g.
(B. *Voconia*. 2 ; C. 46), Arg. TB.

322 **Brutus**. Aigle portant une couronne à g. sur un sceptre. R⫯. KOΣΩN.
Brutus à g. entre deux licteurs. (Frappée à Cossea, Thrace.) Or.
Très belle pièce.

323 CASCA.LONGVS. Tête de Neptune à dr. R⫯. BRVTVS.IMP. Victoire à dr.
(B. *Junia*. 44 ; C. 3). Arg. Superbe pièce. FDC. Rare.

324 BRVTVS. Hache, simpule et couteau. R⫯. LEVTVLVS.SPINT. Vase et lituus
(B. *Junia*. 41 ; C. 6). Arg. Très belle.

325 **Cassius**. C.CASSI.IMP. Tête de la Liberté à dr. R⫯. M.SERVILIVS.IMP.
Acrostolium (B. *Cassia*. 20 ; C. 8). Or. TB. Rare.

326 C.CASSI.IMP.LEIBERTAS. Tête de la Liberté. R⫯. LENTVLVS.SPINT. Vase
et lituus (B. *Cassia*. 26 ; C. 4). Arg. TB.

327 **Domitius Ænobarbus**. AHENOBAR. Tête nue de Cn. Ænobarbus à dr.
R⫯. CN.DOMITIVS.IMP. Roue à dr. (B. *Domitia*. 21). Arg. TB.

---

1. Les n^os entre parenthèses se rapportent à l'ouvrage, de H. Cohen, *Description historique des
monnaies frappées sous l'Empire romain*. 2ᵉ édition. Paris, 1880-92, 8 vol. in-8º.

328 **Sextus Pompée**. MAG.PIVS.IMP.ITER. Le phare de Messine. R℔. PRÆF.
CLAS.ET.OR.E.MARIT.EX.S.C. Le monstre Scylla (B. *Pompeia*. 22; C.
2). Arg. Très belle pièce.

329 **Lépide et Octave**. LEPIDVS.PONT.MAX.III.VIR.R.P.C. Sa tête nue à dr.
R℔. CAESAR.IMP.III.VIR.R.P.C. Sa tête nue à dr. (B. *Æmilia*. 35; C. 2).
Arg. B. Rare.

330 **Marc Antoine**. Antoine en sacrificateur à dr. R℔. Tête radiée du Soleil
(B. *Antonia*. 80; C. 13). Arg. TB.

331 **Antoine et Octave**. ANTONIVS IMP. Sa tête nue à dr. R℔. CAESAR.IMP. Sa
tête nue, barbue à dr. (B. *Antonia*. 14; C. 5). Or. Fort rare. Très
beau portrait d'Antoine; quelques traces de coups au revers.

332 M.ANT.IMP.AVG.III.VIR.R.P.C.M.BARBAT.Q.P. Sa tête nue à dr. R℔.CAE-
SAR.IMP.PONT.III.VIR.R.P.C. Sa tête nue à dr. (B.*Antonia*. 51;C. 8).
Arg. TB.

333 **Fulvie**. III.VIR.R.P.C. Sa tête à dr. R℔. ANTONI.IMP. Lion à dr. (B.
Antonia. 32; C. 3). Quinaire. Arg. TB.

334 **Octavie et M. Antoine**. M.ANTONIVS.IMP.COS.DESIG.ITER.ET.TERT. Leurs
têtes accolées à dr. R℔. III.VIR.R.P.C. Bacchus sur la ciste entourée
de deux serpents (B. *Antonia*. 61; C. 3). Médaillon d'argent. Beau et
rare.

335 — Mêmes têtes. R℔. Galère (B. *Antonia* 87; C. 11). PB. Rare.

336 **Lucius et Marc Antoine**. L.ANTONIVS.COS. Sa tête nue à dr. R℔. M.ANT.
IMP.AVG.III.VIR.R.P.C.M.NERVA.PROQ.P. Sa tête nue à dr. (B. *Antonia*. 48; C. 2). Arg. TB. Rare.

337 **Auguste**. AVGVSTVS.DIVI.F. Sa tête laurée à dr. R℔. IMP.XII.SICIL. Diane
marchant à dr., tirant une flèche de son carquois et tenant un arc
(171). Or. TB. Rare.

338 CAESAR.AVGVSTVS. Sa tête nue à dr. R℔. IOV.TON. Jupiter dans un temple
hexastyle (178). Or. TB. Rare.

339 AVGVSTVS.DIVI.F. Sa tête laurée à dr. R℔. TR.POT.XXVIIII. Victoire
assise à dr. sur un globe (316). Quinaire. Or. Beau et très rare.

340 IMP.CAESAR. Sa tête nue à dr. R℔. AVGVSTVS. Capricorne dans une couronne de laurier (16). Médaillon d'argent. TB. Rare.

341 Sa tête nue à dr. R℔. AVGVSTVS. Capricorne (21). Arg. Très beau.

342 IMP.CAESAR. Même tête. R℔. AVGVSTVS. Autel (33). Médaillon d'argent. TB. Rare.

343 IMP. Tête de Mars. R℔. CAESAR. Bouclier (44). Arg. Très beau.

344 Sa tête nue à dr. R℔. CAESAR.DIVI.F. Apollon assis à dr. (61). Arg.
FDC. Charmante pièce, rare dans cet état.

345 Aigle, manteau et couronne. R℔. Quadrige. (78). Arg. Très beau.

346 IMP.IX.TR.PO.V. Sa tête nue à dr. R℔. COM.ASIAE. Temple hexastyle

avec ROM.ET.AVGVST. sur le fronton (86). Médaillon d'argent. TB. Rare.

347 La tête nue à dr. R⁄. IMP.CAESAR. Sur la frise d'un édifice (122). Arg. TB. Rare.

348 — Quadrige sur un arc de triomphe (123). — IMP.X. Taureau cornupète à dr. (137). — Ens. 2 p. Arg. TB.

349 CAESARI.AVGVSTO. Sa tête laurée à dr. R⁄. Temple rond (190). Arg. FDC. Superbe portrait.

350 — R⁄. Bouclier entre une aigle et une enseigne (265). — Victoire volant à dr. (289). — Ens. 2 p. Arg. TB.

351 AVGVSTVS. Sa tête nue à dr. R⁄. L.CANINIVS.GALLVS.III.VIR. Parthe à genoux à dr., présentant une enseigne. (B. *Caninia*. 3; C. 383). Arg. Belle.

352 CAESAR.AVGVSTVS. Même tête. R⁄. P.PETRON.TVRPILIAN.III.VIR. Pégase à dr. (B. *Petronia*. 16; C. 491). Arg. Très belle pièce. Rare.

353 — R⁄. Q.SALVIVS.IMP.COS.DESIG. Foudre. (B. *Salvia*. 1; C. 514). — M. AGRIPPA.COS.DESIG. dans le champ. (B. *Vipsania*. 3; C. 545).— Ens. 2 p. Arg.

354 CAESAR.AVGVSTVS. Même tête. R⁄. C.SVLPICIVS.PLATORIN. Auguste et Agrippa assis à g. (B. *Sulpicia*. 11; C. 529). Arg. Très belle pièce. Rare.

355 *Aelia* (338). *Asinia* (373). *Clodia* (415). *Valeria* (533). — Ens. 4 p. PB. TB.

356 **Liv?** PIETAS. Son buste voilé à dr. R⁄. DRVSVS.CAESAR.TI.AVGVSTI.F. TR.POT.ITER. autour de S.C. (1). MB. TB.

357 **Tibère.** TI.CAESAR.DIVI.AVG.F.AVGVSTVS. Sa tête laurée à dr. R⁄. PONTIF. MAXIM. Livie assise à dr. (15). Or. TB.

358 — R⁄. Livie assise à dr. (16). — Tibère dans un quadrige à dr. (48). — Ens. 2 p. Arg. TB.

359 TI.CAESAR.DIVI.AVG.F.AVGVST.P.M.TR.POT.XXIII. autour de S.C. R⁄. CIVITATIBVS.ASIAE.RESTITVTIS. Tibère assis à g. (3). GB. TB.

360 **Tibère et Auguste,** TI.CAESAR.DIVI.AVG.F.AVGVSTVS. Sa tête laurée à dr. R⁄. DIVOS.AVGVST.DIVI.F. Sa tête laurée à dr.; au-dessus, un astre (3). Or. TB, Rare.

361 **Drusus.** Caducée entre deux cornes d'abondance surmontées des têtes des enfants de Drusus. R⁄. DRVSVS.CAESAR.TI.AVG.F.DIVI.AVG.N. PONT.TR.POT.II. Dans le champ S.C. (1). GB. B. Rare.

362 **Néron Drusus.** NERO.CLAVDIVS.DRVSVS.GERMANICVS.IMP. Sa tête laurée à g. R⁄. DE.GERM. Arc de triomphe (1). Or. TB. Rare.

363 — La même pièce (2). Arg. Belle. Rare.

364 **Antonia.** ANTONIA.AVGVSTA. Son buste couronné d'épis à dr. R⁄. CONSTANTIAE.AVGVSTI. Cérès debout de face (1). Or. TB. Rare.

365 **Germanicus et Caligula.** GERMANICVS.CAES.P.C.CAES.AVG.GERM. Sa tête nue à dr. R⁄. C.CAESAR.AVG.GERM.P.M.TR.POT. Sa tête laurée à dr. (2). Arg. TB. Rare.

366 **Agrippine mère.** AGRIPPINA.M.F.GERMANICI.CAESARIS. Son buste à dr. R⁄. TI.CLAVDIVS.CAESAR.AVG.GERM.P.M.TR.P.IMP.P.P. Dans le champ S.C. (3). GB. B. Rare.

367 **Agrippine et Caligula.** AGRIPPINA.MAT.C.CAES.AVG.GERM. Son buste à dr. R⁄. C.CAESAR.AVG.GERM.P.M.TR.POT. Sa tête laurée à dr. (2). Arg. TB. Rare.

368 **Caligula.** Sa tête nue. R⁄. Vesta assise (29). MB. TB.

369 **Caligula et Auguste.** C.CAESAR.AVG.GERM.P.M.TR.POT. Sa tête laurée à dr. R⁄. DIVVS.AVG.PATER.PATRIAE. Sa tête radiée à dr. (2). Arg. TB. Rare.

370 **Claude I.** TI.CLAVD.CAESAR.AVG.P.M.TR.P.III. Sa tête laurée à dr. R⁄. IMPER.RECEPT. Camp prétorien (42). Or. Très belle pièce.

371 TI.CLAVD.CAESAR.AVG.P.M.TR.P.VI.IMP.XI. Même tête. R⁄. S.P.Q.R.P. P.OB.C.S. dans une couronne (86). Or. TB.

372 — R⁄. EX.S.C.OB.CIVES.SERVATOS. dans une couronne (35). Arg. TB.

373 — Sa tête nue à g. R⁄. La Liberté (47). MB. TB.

374 — R⁄. Modius (70). — Balance (71). — Ens. 2 p. PB. TB.

375 **Agrippine jeune et Claude.** AGRIPPINAE.AVGVSTAE. Son buste couronné d'épis à dr. R⁄. TI.CLAVD.CAESAR.AVG.GERM.TRIB.POT.P.P. Sa tête laurée à dr. (3). Or. TB. Rare. ·

376 — La même pièce. Arg. (4). Belle. Rare.

377 **Néron.** NERO.CAESAR.AVGVSTVS. Sa tête laurée à dr. R⁄. IVPITTER.CVSTOS. Jupiter assis à g. (118). Or. Très belle pièce.

378 NERO.CAESAR.AVG.IMP. Sa tête nue à dr. R⁄. PONTIF.MAX.TR.P.X.COS. IIII.P.P.EX.S.C. Rome debout à dr. (234). Or. TB.

379 Sa tête laurée à dr. R⁄. IVPPITER.CVSTOS. Jupiter (121). Arg. TB.

380 Sa tête nue à dr. R⁄. PONTIF.MAX.TR.P.VII.COS.IIII.P.P.EX S.C. Mars debout à g. (220). Arg. Très beau.

381 Sa tête laurée à dr. R⁄. Aigle entre deux enseignes (357). Arg. TB.

382 NERO.CLAVD.DIVI.CLAVD.F.CAESAR.AVG.GERMANI. Sa tête laurée à dr. R⁄. Victoire assise à dr. sur un globe. (Manque à Cohen.) Quinaire. Arg. TB. Rare.

383 Sa tête laurée à g. R⁄. Le port d'Ostie (34). GB. B.

384 Table des jeux. (47 et 64). — Chouette sur un autel (110). Quinaire. — Ens. 3 p. PB. TB.

385 **Galba.** IMP.SER.GALBA.AVG. Sa tête nue à dr. R⁄. S.P.Q.R.OB.C.S. dans une couronne civique (286). Or. TB.

386 Buste lauré. R⁄. Femme sacrifiant (236). Arg. Beau.

387 Rome debout (201). Couronne civique (287). — Ens. 2 p. Arg. B.

388 Son buste lauré à dr. R⁄. LIBERTAS.PVBLICA.S.C. La Liberté debout à
g. (112). GB. Beau.

389 *Interrègne*. MARS. Tête de Mars à dr. R⁄. SIGNA.P.R. Aigle et autel entre
deux enseignes (406). Arg. TB.

390 SALVS.GENERIS.HVMANI. Victoire. R⁄.S.P.Q.R. (428). Arg. B.

391 **Othon.** IMP.M.OTHO.CAESAR AVG.TR.P. Sa tête nue à dr. R⁄. SECVRITAS.
P.R. La Sécurité debout à g. (17). Arg. TB. Rare.

392 ΑΥΤΟΚΡΑΤѠΡ.Μ.ΟΘѠΝ.ΚΑΙϹΑΡ.ϹΕΒΑϹΤΟϹ. Sa tête laurée
à dr. R⁄. ΕΤΟΥϹ.Α. Aigle éployé à g. (Antioche). Médaillon. Arg.
TB.

393 **Vitellius.** A.VITELLIVS.GERMAN.IMP.TR.P. Sa tête laurée à dr. R⁄. S.P.R.
OB.C.S. dans une couronne de chêne (85). Or. Superbe pièce.
Rare.

394 Victoire (99). — Trépied (111). — Ens. 2 p. Arg. Belles.

395 **Vitellius et ses enfants.** A.VITELLIVS.GERM.IMP.AVG.TR.P. Sa tête laurée
à dr. R⁄. LIBERI.IMP.GERM.AVG. Bustes en regard de son fils et de sa
fille (3). Or. TB. Très rare.

396 **Vitellius père.** L.VITELLIVS.COS.III.CENSOR. Son buste lauré et drapé à
dr. ; devant un aigle sur un sceptre. R⁄. A.VITELLIVS.GERM.IMP.AVG.
TR.P. Tête laurée de Vitellius à dr. (2). Arg. Beau. Rare.

397 **Vespasien.** CAESAR.VESPASIANVS.AVG. Sa tête laurée à g. R⁄. ANNONA.AVG.
Femme assise à g. (29). Or. Très belle pièce.

398 IMP.CAESAR.VESPASIANVS.AVG. Sa tête laurée à dr. R⁄. PON.MAX.TR.P.
COS.VI. Victoire à g. sur une ciste entre deux serpents (370). Or.
TB.

399 Instruments de sacrifice (45). — La Paix (277). — L'Empereur (386).
— Autel (652). — Ens. 4 p. Arg. B et TB.

400 Sa tête laurée à dr. R⁄. IVDAEA...S.C. Captifs juifs près d'un palmier
(236). GB. B.

401 **Vespasien et ses fils.** IMP.CAESAR.VESPASIANVS.AVG. Sa tête laurée à dr.
R⁄. CAESAR.AVG.F.COS.CAESAR.AVG.F.PR. Têtes nues de Titus et de
Domitien affrontées (5). Arg. TB. Rare.

402 **Titus.** T.CAES.IMP.VESP.CEN. Sa tête laurée à dr. R⁄. PAX.AVG. La Paix
à g. devant un trépied (131). Or. Très belle pièce.

403 Juif à genoux soutenant un trophée (334). Arg. TB.

404 Sa tête laurée à g. R⁄. PAX.AVGVSTI.S.C. La Paix debout à g. (140).
GB. TB.

405 **Julie.** IVLIA.AVGVSTA.T.AVG.F. Son buste diadémé à dr. R⁄. VENVS.AVG.
Vénus à dr., appuyée sur une colonne (12). Arg. TB. Rare.

406 **Domitien.** DOMITIANVS.AVGVSTVS. Sa tête laurée à droite. R⁄. GERMANICVS.
COS.XV. Captive germaine assise à dr. (156). Or. Très belle pièce.

407 CAES.AVG.F.DOMIT.COS.III. Même tête barbue. R⁄. PRINCEPS. IVVENTVT.
   L'Espérance. debout à g. (374). Or. FDC.

408 CAES.AVG.F.DOMIT.COS.II. Même tête. R⁄. Domitien galopant à g. (663).
   Or. TB.

409 La louve (51). Pallas (258, 282). — Ens. 3 p. Arg. TB.

410 La Santé (384). Chèvre (390). Domitien à cheval (665). — Ens. 3 p.
   Arg. TB.

411 Son buste lauré à dr. R⁄. Domitien sacrifiant (491). GB. B.

412 Buste de Pallas. R⁄. s.c. Laurier (544). PB. TB.

413 **Domitia**. IMP.DOMIT.AVG.GERM. Buste de Domitia couronné d'épis à g.
   R⁄.s.c. Corbeille remplie d'épis (15). PB. TB.

414 **Nerva**. IMP.NERVA.CAES.AVG.P.M.TR.P.II.COS.III.P.P. Sa tête laurée à dr.
   R⁄. FORTVNA.AVGVST. La Fortune debout à g. (70). Or. Très beau.

415 La Fortune (66). La Santé (134). — Ens. 2 p. Arg. B. et TB.

416 LIBERTAS.PVBLICA. La Liberté (113). Arg. TB.

417 — Même lég. avec s.c. et même type (120). MB. TB.

418 IMP.NERVA.CAES.AVG. Tête diadémée de Junon à dr. R⁄. s.c. Globe et
   gouvernail (140). PB. TB.

419 AYT.NEPOVAΣ.KAIΣ.ΣEB. Sa tête laurée à dr. R⁄. ETOVΣ.NEOV.
   IEPOV.A. Aigle sur un foudre, à dr. (Antioche). Médaillon. Arg. TB.

420 **Trajan**. IMP.CAES.NERVA.TRAIAN.AVG.GERM. Sa tête laurée à dr. R⁄. P.M.
   TR.P.COS.IIII.P.P. Hercule debout de face (231). Or. TB.

421 IMP.CAES.NER.TRAIANO.OPTIMO.AVG.GER.DAC. Son buste lauré, drapé à
   dr. R⁄.SALVS.AVG.P.M.TR.P.COS.VI.P.P.S.P.Q.R. La Santé assise à
   g. nourrissant un serpent (331). Or. TB.

422 L'Arabie (26). Rome (69). Victoire (74). — Ens. 3 p. Arg. TB.

423 La Paix (83). L'Équité (85). Dace (120). — Ens. 3 p. Arg. TB.

424 La Concorde (212). La Providence (313). La Valeur (402). — Ens.
   3 p. Arg. TB.

425 IMP.CAES.NER.TRAIANO.OPTIM.AVG.GERM.DAC. Son buste lauré à dr. R⁄.
   PARTHICO.P.M.TR.P.COS.VI.P.P.S.P.Q.R. Victoire à dr. (195). Quinaire.
   Arg. TB.

426 Son buste lauré, drapé à dr. R⁄. REX.PARTHIS.DATVS.S.C. Trajan et le
   préfet du prétoire à g. sur une estrade présentant un roi à la Parthie
   agenouillée (328). GB. Beau.

427 s.c. dans un couronne (122). Buste d'Hercule. R⁄. Sanglier (341).
   — Ens. 2 p. PB. TB.

428 **Plotine**. PLOTINA.AVG.IMP.TRAIANI. Son buste diadémé à droite. R⁄.
   CAES.AVG.GERMA.DAC.COS.VI.P.P. Vesta assise à g. (2). Or. Belle et
   très rare.

429 **Matidie**. DIVA.AVGVSTA.MATIDIA. Son buste diadémé à dr. R⁄. CONSECRA-
   TIO. Aigle sur un sceptre à g. (6). Arg. B. Très rare.

430 **Adrien**. IMP.CAES.TRAIAN.HADRIANO.AVG.DIVI.TRA.PARTH.F. Son buste lauré, cuirassé à dr. ℞.DIVI.NER.NEP.P.M.TR.P.COS. Buste du soleil à dr. ; dessous, ORIENS (1003). Or. Très belle pièce.

431 HADRIANVS.AVGVSTVS. Sa tête laurée à dr. ℞. COS.III. Tête de Jupiter Ammon à dr. (Manque à Cohen). Arg. Beau.

432 L'Égypte (100). Modius (170). Hercule (330). — Ens. 3 p. Arg. TB.

433 L'Espérance (390). La Piété (1027). La Santé (1135). — Ens. 3 p. Arg. TB.

434 Son buste radié, cuirassé à dr. ℞. PIETAS.AVGVSTI.S.C. La Piété à dr. (1044). MB. Très belle pièce. Patine vert foncé.

435 Buste à dr. ℞. Cérès debout à g. (1075). GB. Beau.

436 ΑΥΤ·ΚΑΙ·ΘΕ·ΤΡΑ·ΠΑΡ·ΥΙ·ΘΕ·ΝΕΡ·ΥΙ·ΤΡΑΙ·ΑΔΡΙΑΝΟC·CΕΒ· Son buste à dr. ℞. ΔΗΜΑΡΧ·ΕΞ·ΥΠΑΤ·Β. Aigle sur une cuisse d'animal. (Antioche) Médaillon. Arg. TB.

437 **Sabine**. Son buste à dr. ℞. La Concorde (Var. de C. 3). Arg. TB.

438 **Ælius**. Sa tête nue à dr. ℞. La Concorde (1). Arg. TB.

439 Même droit. ℞. La Fortune debout à g. (64). MB. B.

440 **Antonin**. ANTONINVS.AVG.PIVS.P.P.TR.P.XII. Sa tête laurée à dr. ℞. COS.IIII. L'Équité debout à g. (234). Or. TB.

441 ANTONINVS.AVG.PIVS.P.P.IMP.II. Même tête. ℞. TR.POT.XX.COS.IIII. Victoire allant à g. (1013). Or. TB.

442 La Santé (281). Mains jointes (344). Temple (804). — Ens. 3 p. Arg. TB.

443 Tête laurée. ℞. La Santé debout à g. (711). GB. TB.

444 **Antonin et M. Aurèle**. ANTONINVS.AVG.PIVS.P.P.TR.P.COS.III. Sa tête nue à dr. ℞. AVRELIUS·CAESAR.AVG.PII.F.COS. Son buste nu, drapé à dr. (21). Arg. TB.

445 Même lég. Tête radiée d'Antonin à dr. ℞. Même lég. Tête nue de Marc Aurèle à dr. (32). MB. TB.

446 **Faustine mère**. DIVA.FAVSTINA. Son buste à dr. ℞. AVGVSTA. Cérès debout à g. (95). Or. Très belle pièce. FDC.

447 La Fortune (6). Uranie (32). La Piété (124). Paon (175). — Ens. 4 p. Arg. TB.

448 AETERNITAS.S.C. L'Italie assise à g. sur un globe semé d'étoiles. Pièce hybride formée de deux ℞. du n° 22 de Cohen. MB. TB. Rare.

449 **Marc Aurèle**. M.ANTONINVS.AVG.GERM.TR.P.XXIX. Son buste lauré, drapé à dr. ℞. LIBERAL.AVG.VI.IMP.VII.COS.III. La Libéralité debout à g. (416). Or. Très beau.

450 M.ANTONINVS.AVG.ARM.PARTH.MAX. Son buste lauré, cuirassé à dr. ℞. TR.P.XXI.IMP.IIII.COS.III. Victoire à gauche. (883). Or. Très beau.

451 ARMEN. L'Arménie assise à g. (7). CONSECRATIO. Aigle éployé sur un foudre (82). — Ens. 2 p. Arg. TB.

452 Marc Aurèle debout (306). La Santé (543). L'Équité (892). — Ens. 3 p. Arg. TB et FDC.

453 Sa tête jeune, nue à dr. R⁄. L'Honneur debout à dr. (239). MB. TB.

454 Sa tête laurée. R⁄. La Santé nourrissant un serpent (547). GB. TB.

455 **Faustine jeune.** FAVSTINA.AVGVSTA. Son buste à dr. R⁄. HILARITAS. L'Allégresse debout à g. (110). Or. Très belle pièce.

456 FAVSTINA.AVG PII.AVG.FIL. Même buste varié. R⁄. IVNO. Junon assise à g. avec deux enfants (129). Or. TB.

457 FAVSTINA.AVGVSTA. Son buste à dr. avec deux rangs de perles. R⁄. CERES. Cérès assise à g. (35). Arg. TB.

458 Même lég. Buste avec chevelure ondée à dr. R⁄. HILARITAS. L'Allégresse debout à g. (III). Arg. FDC.

459 Même droit. R⁄. IVNO. Junon debout à g. (120). Arg. FDC.

460 Même droit. R⁄. VESTA. Vesta assise à g. (286). Arg. TB.

461 Même droit. R⁄. FECVND.AVGVSTAE.S.C. La Fécondité debout entre deux jeunes filles et tenant deux enfants (96). GB. TB.

462 **Annius Verus** Son buste présumé à dr., couronné de pampre. R⁄. S.C. dans une couronne (C. VIII, p. 270. 31). PB. TB. Rare.

463 **Lucius Verus.** L.VERVS.AVG.ARMENIACVS. Sa tête nue à dr. R⁄. REX. ARMEN.DAT.TR.P.IIII.IMP.II.COS.II. Vérus sur une estrade entre un soldat et le préfet du prétoire; au bas, le roi Soéme (158). Or. FDC.

464 IMP.CAES.L.VERVS.AVG. Son buste nu, drapé à dr. R⁄. SALVTI.AVGVSTOR. TR.P.III.COS.II. La Santé debout à g., nourrissant un serpent (171). Or. Très belle pièce.

465 L.VERVS.AVG.ARMENIACVS. Son buste lauré, drapé à dr. R⁄. TR.P.IIII. IMP.II.COS.II. Victoire à dr., posant sur un palmier un bouclier avec VIC.AVG. (247). Or. FDC.

466 La Providence (144). L'Arménie (220). L'Équité (297). — Ens. 3 p. Arg. TB.

467 DIVVS.VERVS. Sa tête nue à dr. R⁄. Vérus dans un quadrige d'éléphants à g. (53). GB. Très beau portrait; le revers abîmé. Patine verte.

468 **Lucille.** LVCILLAE.AVG.ANTONINI.AVG.F. Son buste à dr. R⁄. VENVS. Vénus debout à g. (69). Or. Très belle pièce.

469 LVCILLA.AVGVSTA. Même buste. R⁄. VENVS.VICTRIX. Vénus debout à g. (89). Arg. FDC.

470 Vesta sacrifiant à g. (92). VOTA.PVBLICA. dans une couronne (98). — Ens. 2 p. Arg. TB.

471 **Commode.** M.COMM.ANT.P.FEL.AVG.BRIT.P.P. Son buste lauré, drapé et cuirassé à dr. R⁄. P.M.TR.P.XV.IMP.VIII.COS.VI. Commode dans un quadrige au pas à g. (Inconnu à Cohen). Or. Très belle pièce. Rare.

472 M.COMMODVS.ANTONINVS.AVG. Son buste lauré, drapé à dr. R/. SECVRITAS. PVBLICA.TR.P.VI.IMP.IIII.COS.III.P.P. La Sécurité assise à dr. (700). Or. Très belle.

473 L'Abondance (17). L'Allégresse (216). L'Équité (446). — Ens. 3 p. Arg. TB.

474 Son buste jeune nu, drapé à dr. R/. SPES.PVBLICA. L'Espérance marchant à g. (709). Arg. FDC.

475 La Paix (928). La Valeur (966). — Ens. 2 p. Arg. TB.

476 Apollon en habit de femme, posant une lyre sur une colonne (26). GB. — La Providence debout à g. (624). MB. — Ens. 2 p. BR. Belles.

477 *Commode et Sauromate II Roi du Bosphore* BACIΛEWC.CAVPOMATOV. Son buste diadémé à dr. R/. ΘΠY (an 489). Buste lauré de Commode à dr. Electrum. TB.

478 **Crispine.** CRISPINA.AVGVSTA. Son buste à droite. R/. CONCORDIA. Deux mains jointes (8). Arg. Très belle pièce.

479 HILARITAS. L'Allégresse debout à g. (18). Arg. TB.

480 IVNO. Junon debout à g. (21). Arg. TB.

481 DIANA.LVCIFERA.S.C. Diane debout à dr. (11). GB. B.

482 **Manlia Scantilla.** MANL.SCANTILLA.AVG. Son buste à dr. R/. Junon debout à g.; à ses pieds, un paon (3). GB. B. Rare.

483 **Albin.** D.CLOD.SEPT.ALBIN.CAES. Sa tête nue à dr. R/. MINER.PACIF.COS. II. Minerve debout à g. (48). Arg. TB.

484 **Septime Sévère.** SEVERVS.AVG.PART.MAX. Sa tête laurée à dr. R/. FVNDATOR.PACIS. Sévère voilé debout à g. (202). Or. Très belle pièce. FDC. Rare.

485 Victoire écrivant sur un bouclier (489). Victoire volant (719). Victoire marchant (744). Sévère sacrifiant (791). — Ens. 4 p. Arg. TB.

486 **S. Sévère et Julie.** SEVERVS.AVG.PART.MAX. Son buste lauré, cuirassé à dr. avec l'égide. R/. IVLIA.AVGVSTA. Son buste à dr. (1). Or. Très belle pièce. FDC. Très Rare.

487 **Julie Domne.** L'Allégresse (76). Junon (82). Vénus (211). — Ens. 3 p. Arg. TB.

488 **Caracalla.** ANTONINVS.AVGVSTVS. Son buste jeune, lauré, drapé et cuirassé à dr. R/. RECTOR.ORBIS. Caracalla nu, debout de face (541). Or. FDC. Rare.

489 Carthage assise sur un lion (C. 97). La Santé (206). Le Soleil (289). Caracalla sacrifiant (689). — Ens. 4 p. Arg. TB.

490 **Caracalla, Sévère et Julie.** ANTONINVS.PIVS.AVG.PON.TR.P.IIII. Même buste à dr. R/. CONCORDIAE.AETERNAE. Bustes accolés à dr. de Sévère radié et de Julie avec un croissant (1). Or. Superbe pièce. FDC. Très rare.

491 **Caracalla et Géta**. ANTONINVS.AVGVSTVS. Son buste lauré et drapé à dr. Rʑ. P.SEPT.GETA.CAES.PONT. Buste nu et drapé de Géta à dr. (2). Arg. TB. Rare.

492 **Plautille**. PLAVTILLA.AVGVSTA. Son buste à dr. Rʑ. CONCORDIA.AVGG. La Concorde debout à g. (1). Arg. FDC.

493 Plautille et Caracalla se donnant la main (12). Plautille tenant un sceptre et portant un enfant (16). — Ens. 2 p. Arg. TB.

494 **Géta**. Sa tête laurée à dr. Rʑ. La Fortune assise à g. (52). GB. B.

495 Mars (76). La Noblesse (90). La Félicité (137). — Ens. 3 p. Arg. TB.

496 **Macrin**. Son buste à dr. Rʑ. SECVRITAS.TEMPORVM. La Sécurité debout à g. (122). Arg. TB.

497 PROVIDENTIA.DEORVM. La Providence debout à g., tenant une baguette et une corne d'abondance ; à ses pieds, un globe (108). Arg. FDC.

498 **Diaduménien**. M.OPEL..ANT.DIADVMENIAN.CAES. Son buste nu, drapé à dr. Rʑ. PRINC.IVVENTVTIS. Diaduménien à g., tenant une enseigne ; à dr., deux autres enseignes (3). Arg. TB. Rare.

499 **Élagabale**. IMP.CAES.ANTONINVS.AVG. Son buste lauré, drapé et cuirassé à dr. Rʑ. FIDES.EXERCITVS. La Fidélité assise à g. (29). Or. Très belle pièce. Rare.

500 IMP.CAES.M.AVR.ANTONINVS.AVG. Même buste. Rʑ. VICTOR.ANTONINI. AVG. Victoire courant à dr. (288). Or. TB. Rare.

501 Élagabale sacrifiant (61). Le Soleil (154). La Providence (189). — Ens. 3 p. Arg. TB.

502 *Élagabale et Rhescuporis III, roi du Bosphore*. BACIΛEⲰC.PHCKOV-POPIΔOC. Son buste diadémé à dr. Rʑ. EIΦ (an 515). Buste lauré d'Élagabale à dr. Électrum. TB.

503 **Julia Paula**. Son buste à dr. Rʑ. Vénus assise (21). Arg. TB.

504 **Aquilia Sévéra**. Son buste à dr. Rʑ. La Concorde (2). Arg. TB. Rare.

505 **Soémias**. Son buste à dr. Rʑ. Vénus debout à g. (8). Arg. FDC.

506 **Maesa**. Junon (20). La Pudeur (36). La Félicité (45). — 3 p. Arg. TB.

507 **Alexandre Sévère**. L'Abondance (23). La Fidélité (52). Mars (161). L'Espérance (543). — Ens. 4 p. Arg. TB. et FDC.

508 **Orbiane**. Son buste. Rʑ. La Concorde (1). Arg. TB. Rare.

509 CONCORDIA.AVGVSTORVM.S.C. Même type (4). GB. B. Rare.

510 **Mamée**. Son buste diadémé à dr. Rʑ. VENVS.FELIX.S.C. Vénus assise à g. (69). GB. Beau.

511 La Félicité (17). Vénus (60). — Ens. 2 p. Arg. TB. et FDC.

512 **Maximin I**. Maximin entre deux enseignes (46). La Providence (77). Victoire courant (99). Victoire deb. (107). — Ens. 4 p. Arg. TB.

513 **Maxime**. Son buste à dr. Rʑ. PRINC.IVVENTVTIS. Maxime debout à g. ; derrière, deux enseignes (10). Arg. TB.

514 — La même médaille avec s.c. (14). GB. TB.

515 **Gordien d'Afrique père.** A . K . M . AN . ΓΟΡΔΙΑΝΟC . CЄM . AΦP . ЄYCЄB. Son buste à dr. R⫯. L . A. La Fortune (*Alexandrie*). Pot. Beau. Rare.

516 **Balbin.** Son buste radié à dr. R⫯. PIETAS.MVTVA.AVGG. Deux mains jointes (17). Arg. TB.

517 CONCORDIA.AVGG.S.C. La Concorde assise à g. (4). GB.

518 **Pupien.** Son buste à dr. R⫯. Deux mains jointes (2). Arg. TB.

519 PAX.PVBLICA.S.C. La Paix assise à g. (23). GB. Beau.

520 **Gordien III.** IMP.GORDIANVS.PIVS.FEL.AVG. Son buste lauré à dr. R⫯. LAETITIA.AVG.N. La Joie debout à g. (119). Or. TB. Rare.

521 Buste lauré, drapé et cuirassé de Gordien à g., tenant un sceptre sur l'épaule. R⫯. Sur le premier plan, des groupes de lutteurs ; dans le fond, le grand obélisque entre plusieurs petits, des courses de chars et une Victoire. Centre d'un médaillon dont le cercle extérieur portait les légendes (voir C. 282). Br. Très belle pièce, magnifique patine verte.

522 La Concorde (61). Jupiter (109). La Libéralité (142). Apollon (250 et 261). Gordien (253). — Ens. 6 p. Bill. TB.

523 **Tranquilline.** CAB . TPANKYΛΛЄINA . CЄB. Son buste à dr. R⫯. L . S. La Providence (*Alexandrie*). Pot. TB.

524 **Philippe père.** FELICITAS.IMPP. dans une couronne (39). La Joie (81). La Paix (124). Rome (170). Temple (198). — Ens. 5 p. Bill. TB.

525 **Otacilie.** Son buste à dr. R⫯. La Piété debout à g. (31). GB. TB. Patine vert clair.

526 La Piété (43). La Pudeur (53). Hippopotame (64). — Ens. 3 p. Bill. TB. et FDC. ·

527 **Philippe fils.** Philippe debout (48). Bill. — LIBERALITAS.AVGG.III.S.C. Les Augustes assis à g. (18). GB. — Ens. 2 p. TB.

528 **Trajan Dèce.** Son buste à dr. R⫯. GENIVS.EXERC.ILLYRICIANI. Génie debout à g., tenant une patère et une corne d'abondance ; derrière, une enseigne (48). Or. TB. Trouée.

529 — Même type avec GENIVS.EXERCITVS.ILLYRICIANI.S.C. (66). GB. B.

530 L'Abondance (2). Dèce à cheval (4). La Fertilité (105). Victoire (111). — Ens. 4 p. Bill. TB.

531 **Etruscille.** Junon (14). La Pudeur (17). *Hérennius.* Mercure (11). L'Espérance (38). — Ens. 4 p. Bill. TB.

532 **Hérennius.** Q.HER.ETR.MES.DECIVS.NOB.C. Son buste à dr. R⫯. PRINCIPI. IVVENTVTIS. Hérennius debout à g. (32). Or. TB. mais trouée. Très rare.

533 **Hostilien.** C.VALENS.HOSTIL.MES.QVINTVS.N.C. Son buste nu à dr. R⫯.

PRINCIPI.IVVENTVTIS. Hostilien debout à g. (37). Or. B. Trou rebouché. Extrêmement rare.

534 Son buste à dr. R⫞. MARS.PROPVG. Mars à dr. (12). Bill. TB.

535 **Trébonien Galle.** L'Éternité (13). La Liberté (68). La Piété (84). La Victoire (128). — Ens. 4 p. Bill. TB.

536 **Volusien.** La Félicité (32). Junon (44). La Paix (70). La Piété (88). La Santé (118). — Ens. 5 p. Bill. TB.

537 **Emilien.** Son buste à dr. R⫞. VIRTVS.AVG. La Valeur (59). Bill. TB.

538 **Valérien père.** La Foi (65). Jupiter (92). La Providence (176). — Ens. 3 p. Bill. TB.

539 **Mariniane.** DIVAE.MARINIANAE. Son buste voilé à dr. R⫞. CONSECRATIO. Paon à dr. enlevant Mariniane (16). Bill. TB. Rare.

540 **Gallien.** GALLIENVS.AVG. Sa tête laurée à dr. R⫞. PAX.AVG. La Paix debout à g. (724). Quinaire. Or. TB. Rare.

541 Son buste lauré, cuirassé à dr. R⫞. CONCORDIA.EXERCIT.S.C. La Concorde debout à g. (132). GB. Beau.

542 Temple de Mars (149). Victoire (1065). Gallien (1069), *Salonine.* L'Équité (4). Temple de Ségétia (36). *Salonin.* Aigle l'enlevant (5). Jupiter sur la chèvre. — Ens. 7 p. Bill. TB.

543 **Macrien jeune.** IMP.C.FVL.MACRIANVS.P.F.AVG. Son buste à dr. R⫞. AEQVTAS.AVGG. L'Équité debout à g. (1). Bill. Beau. Rare.

544 **Quiétus.** IMP.C.FVL.QVIETVS.P.F.AVG. Son buste à dr. R⫞. IOVI.CONSERVATORI. Jupiter assis à g. (8). Bill. Beau. Rare.

545 **Postume.** POSTVMVS.PIVS.AVG. Sa tête laurée à dr. R⫞. P.M.TR.P.IMP.V. COS.III.P.P. Postume assis à g. (287). Or. TB. Trou rebouché. Très rare.

546 Même droit. R⫞. PROVIDENTIA.AVG. La Providence debout à g. (300). Or. TB. Trouée. Très rare.

547 La Félicité (39). Hercule Deusonien (91). Jupiter Stator (159). La Monnaie (199). La Paix (215). La Providence (295). Postume à dr. (331). Victoire (377). — Ens. 8 p. Bill. TB.

548 LAETITIA.AVG. Vaisseau (C. 177). GB. *Victorin.* La Foi (36). *Marius.* La Victoire (19). *Tétricus père.* La Paix (101). *Claude II.* Autel (50). La Santé (265). *Quintille.* La Joie (39). Bill. et PB. — Ens. 7 p. B. et TB.

549 **Lélien.** Son buste à dr. R⫞. VICTORIA.AVG. Victoire courant à dr. (4). PB. TB. Rare.

550 **Aurélien.** IMP.C.DOM.AVRELIANVS.AVG. Son buste lauré et cuirassé à dr. R⫞. VICTORIA.AVG. Victoire marchant à dr. (241). Or. TB. mais trouée. Rare.

551 Aurélien donnant la main à Sévérine (60). *Sévérine.* La Concorde (7).

Vénus (14). *Vabalathe et Aurélien* (1). *Tacite*. Victoire (153). *Florien.* Mars (104). — Ens. 6 p. PB. TB. et FDC.

552 **Probus**. IMP.C.M.AVR.PROBVS.AVG. Son buste lauré, drapé à dr. R⫮. VIRTVS.PROBI.AVG. Probus à dr. entre deux captifs (906). Or. Très beau et très rare.

553 **Numérien**. IMP.NVMERIANVS.P.F.AVG. Son buste lauré, cuirassé à dr. R⫮. VIRTVS.AVGG. Hercule debout à dr. (100). Or. TB. Petit trou. Très rare.

554 **Nigrinien**. DIVO.NIGRINIANO. Sa tête radiée à dr. R⫮. CONSECRATIO. Aigle éployé (2). PB. Beau. Très rare.

555 **Dioclétien**. DIOCLETIANVS.AVGVSTVS. Sa tête laurée à dr. R⫮. CONSVL.IIII. P.P.PROCOS. Dioclétien debout à g.; au bas, SMA (46). Or. FDC.

556 Même droit varié. R⫮. Dans une couronne, XX.DIOCLETIANI.AVG.SMN (549). Or. FDC.

557 **Maximien Hercule**. MAXIMIANVS.AVGVSTVS. Son buste lauré, drapé et cuirassé à dr. R⫮. HERCVLI.VICTORI. Hercule nu, assis de face sur un rocher; au bas, PR (306 var.). Or. FDC. Rare.

558 VIRTVS.MILITVM. Quatre soldats sacrifiant (622). Arg. TB.

559 (184, 199, 491). MB. (282, 438, 516, 588). PB. — Ens. 7 p. TB.

560 **Carausius**. Son buste à dr. R⫮. PAX.AVG. La Paix (192 var.). PB. Beau.

561 **Allectus**. Son buste à dr. R⫮. PAX.AVG. La Paix (37). PB. Beau.

562 **Constance I Chlore**. Sa tête à dr. R⫮. VIRTVS.MILITVM. Quatre soldats sacrifiant devant un camp (309). Arg. TB.

563 Génie sacrifiant (122 et 129). MB. — Aigle (186). PBQ. — Le Soleil (210). PB. — Ens. 4 p. TB.

564 **Galère Maximien**. Quatre soldats sacrifiant devant un camp (216). Arg. TB.

565 **Valérie**. Son buste à dr. R⫮. Vénus debout à g. (2). MB. TB.

566 **Sévère II**. Mars (70). MB. *Maximin II Daza*. Mars (188). MB. *Maxence*. Temple (34). L'Afrique (46). MB. *Romulus*. Temple (7). PB. *Licinius père*. Jupiter (112). PB. — Ens. 6 p. TB.

567 **Licinius père**. IMP.LICINIVS.P.F.AVG. Sa tête laurée à dr. R⫮. CONCORDIA. AVGG.NN. La Concorde assise à g.; au bas, SMT (7). Or. TB. Trou rebouché. Très rare.

568 Même droit. R⫮. CONSVL.P.P.PROCONSVL. Licinius debout à g.; au bas, SMAƧ (9). Or. B. Très rare.

569 **Constantin I**. CONSTANTINVS.P.F.AVG. Sa tête laurée à dr. R⫮. PRINCIPI. IVVENTVTIS. Constantin debout à dr.; au bas, PTR (412). Or. TB. Rare.

570 Même droit. R⫮. VICTORIA.CONSTANTINI.AVG. Victoire debout à g.; au bas, PTR (600). Or. TB. Trou rebouché. Rare.

571 (123, 454). *Crispus* (6, 22, 46). *Delmace* (4). *Constantin II* (31, 114, 133). *Constant I* (18). *Constance II* (44, 167). — Ens. 12 p. MB. et PB. TB.

572 **Constant I**. CONSTANS.AVGVSTVS. Son buste diadémé à dr. R⁄. VICTORIAE. DD.NN.AVGG. Deux Victoires tenant une couronne renfermant VOT. X.MVLT.XX (171). Sou d'or. Très belle pièce. Rare.

573 CONSTANS.P.F.AVG. Même buste. R⁄. VICTORIA.DD.NN.AVGG. Victoire marchant à g., tenant une couronne et un trophée ; au bas, TES (156). Arg. Très belle et rare.

574 **Constance II**. Sa tête diadémée à dr. R⁄. GLORIA.REIPVBLICAE. Rome et Constantinople assises ; au bas, TES (126). Sou d'or. TB.

575 VOTIS.XXX.MVLTIS.XXXX dans une couronne (342). Arg. TB.

576 **Népotien**. Son buste à dr. R⁄. Rome assise à g. (4). MB. Très rare.

577 **Vétranion**. Son buste lauré à dr. R⁄. Vétranion couronné par la Victoire (4). MB. B. Très rare.

578 **Magnence**. IM.CAE.MAGNENTIVS.AVG. Son buste à dr. R⁄. VICTORIA.AVG. LIB.ROMANOR. Victoire et la Liberté soutenant un trophée (46). Sou d'or. TB.

579 **Julien II**. IVLIANVS.AVG. Son buste barbu, diadémé à dr. R⁄. VICTORIA. ROMANORVM. Victoire assise à dr., écrivant VOT.XX sur un bouclier présenté par un Génie (62). Quinaire. Or. Très beau. Rare.

580 FL.CL.IVLIANVS.P.F.AVG. Même buste. R⁄. VIRTVS.EXERCITVS.ROMANO-RVM. Julien à dr., traînant un captif (79). Sou d'or. TB.

581 VOT.X.MVLT.XX. dans une couronne (144 et 147). — Ens. 2 p. arg. variées. TB.

582 **Jovien**. D.N.IOVIANVS.PEP.AVG. Son buste à dr. R⁄. SECORITAS.REIPVBLI-CAE. Rome et Constantinople assises, tenant un bouclier avec VOT.X. MVL.X (15). Sou d'or. TB. Rare.

583 VOT.V.MVL.X dans une couronne (33). Arg. TB.

584 **Valentinien I**. D.N.VALENTINIANVS.P.F.AVG. Son buste à dr. R⁄. RESTI-TVTOR.REIPVBLICAE. L'Empereur debout à dr. (28). Sou d'or. Beau.

585 VOT.V dans une couronne (69). Arg. TB.

586 **Valens**. D.N.VALENS.PER.F.AVG. Son buste à dr. R⁄. SPES.R.P. Valenti-nien et Valens assis ; entre eux, un bouclier avec VOT.V.MVL.X (48). Sou d'or. Très belle pièce. Rare.

587 Même droit. R⁄. VIRTVS.EXERCITVS. Valens debout de face, regardant à g., tenant un labarum et un bouclier ; au bas, T.RPS (71). Médaillon. Arg. Très légèrement fendu. Très beau. Rare.

588 **Gratien**. Son buste à dr. R⁄. Gratien et Valentinien II assis (38). Sou d'or. Très belle pièce.

589 VIRTVS.ROMANORVM. Rome assise de face (56). Arg. TB.

590 **Valentinien II**. Son buste à dr. R⁄. Victoire à g. (40). Arg. FDC.

591 **Théodose I.** Son buste de face. R⁄. Rome de face (7). Sou d'or. TB.

592 VICTORIA.AVGGG. Constantinople de face (4). Arg. TB.

593 **Magnus Maximus.** D.N.MAG.MAXIMVS.P.F.AVG. Son buste à dr. R⁄. VIC-TORIA.AVGG. Maxime et Victor assis de face ; entre eux, une Victoire (9). Sou d'or. FDC. Rare.

594 VIRTVS.ROMANORVM. Rome assise de face (20). Arg. TB.

595 **Victor.** VIRTVS.ROMANORVM. Rome assise de face (6). Arg. TB.

596 **Eugène.** Son buste à dr. R⁄. Rome assise à g. (14). Arg. TB.

597 **Honorius.** Son buste à dr. R⁄. Honorius debout (44). Sou d'or. TB.

598 Victoire marchant à dr., accostée de M-D (47). Triens. Or. TB.

599 Même droit. R⁄. Rome assise à g. (59). Arg. FDC.

600 **Placidie.** D.N.GALLA.PLACIDIA.P.F.AVG. Son buste à dr. R⁄. SALVS.REI-PVBLICAE. Chrisme dans une couronne (10). Quinaire. Or. TB. Très rare.

601 **Constantin III.** Rome assise à g. (7). Arg. TB.

602 **Jean.** D.N.IOHANNES.P.F.AVG. Son buste diadémé à dr. R⁄. VICTORIA.AVGGG. Jean debout à dr., foulant un captif (4). Sou d'or. TB. Rare.

603 Même droit. R⁄. VICTORIA.AVGVSTORVM. Victoire marchant à dr. (8). Triens. Or. TB. Très rare.

604 **Valentinien III.** Son buste à dr. R⁄. Valentinien de face, accosté de R-V (21). Sou d'or. TB.

605 **Sévère III.** Son buste à dr. R⁄. Sévère de face accosté de R-A (12 varié). Sou d'or. TB.

606 **Anthémius.** Triens (21). Or. B.

607 **Théodose II.** Son buste de face. R⁄. Rome assise à g. (Sabatier, V, 6). Sou d'or. TB.

608 Son buste diadémé à dr. R⁄. VICTORIA.AVGG. Victoire assise à dr., écrivant XXXX sur un bouclier (S., V, 9). Demi-sou. Or. TB. Rare.

609 **Constantin IV.** Triens (S., XXXVI, 10). Or. TB.

610 *Lot* ¹. Antoine et Octave, 1 p. Auguste, 5 p. Tibère, 1 p. Vitellius, 2 p. — Ens. 9 p. variées.

611 — Vespasien, 9 p. Titus, 3 p. — Ens. 12 p. variées.

612 — Domitien, 9 p. Nerva, 3 p. — Ens. 12 p. variées.

613 — Trajan, 12 p. variées.

614 — Adrien, 10 p. variées.

615 — Sabine, 2 p. Antonin, 9 p. — Ens. 11 p. variées.

616 — Antonin et Marc Aurèle, 1 p. Faustine mère, 3 p. Marc Aurèle, 8 p. — Ens. 12 p. variées.

617 — Faustine jeune, 5 p. Vérus, 2 p. Lucille, 3 p. — Ens. 10 p. variées.

---

1. Ces lots, nᵒˢ 606 à 617, sont composés de deniers d'argent, en général B.

618 — Commode, 5 p. Septime Sévère, 5 p. — Ens. 10 p. variées.

619 — Julie Domne, 3 p. Caracalla, 5 p. Géta, 4 p. — Ens. 12 p. variées.

620 — Élagabale, 4 p. Soémias, 1 p. Maesa, 1 p. Alexandre Sévère, 4 p. Mamée, 3 p. — Ens. 13 p. variées.

621 — Gordien III, 8 p. Philippe père, 7 p. — Ens. 15 p. variées. Bill. B. et TB.

622 — Otacilie, 2 p. Philippe fils, 3 p. Trajan Dèce, 5 p. Étruscille, 2 p. Etruscus, 1 p. Trébonien Galle, 3 p. Volusien, 3 p. Valérien, 4 p. — Ens. 23 p. variées. Bill. B. et TB.

623 — Auguste, Caligula, Claude, Néron, Galba, etc. — Ens. 35 p. GB., Empereurs différents. Quelques pièces frustes, la plupart B.

624 — Moyens et petits bronzes, un certain nombre de pièces contremarquées. — Ens. 46 p.

MONNAIES DU MOYEN AGE ET MODERNES

625 **Allemagne.** *Saint-Empire.* Louis de Bavière. L'Empereur assis, tenant l'épée et l'écu au double aigle. Chaise d'or. Très belle pièce.

626 Ferdinand I. Son buste imberbe armé. Thaler. Arg. TB.

627 Ferdinand II. FERDINANDVS.II.D.G.R.I.S.A.G.H.BO.REX. Buste lauré et armé. R⁄. Double aigle chargée du grand écu d'Empire ; au-dessous, petit écu d'Autriche-Bourgogne. 1628. 10 ducats. Or. TB.

628 Thaler aux mêmes types. 1630. Arg. Beau.

629 Léopold I. LEOPOLDVS.D : G.ROM : IMP.S.A.GE.HV : BO : REX. Buste lauré et armé. R⁄. Double aigle avec le grand écu ovale couronné, entouré de la Toison d'or. 1696. 10 ducats. Or. Très belle pièce.

630 Thaler aux mêmes types. 1702. Arg. TB.

631 Charles VI. Thaler. L'écu est écartelé au 1 de Castille. 1715. Arg. TB.

632 Autre thaler. Buste varié. 1734. Arg. TB.

633 Marie-Thérèse. Thaler. 1772. Arg. FDC.

634 Autre thaler varié. 1780. Arg. FDC.

635 *Bohême.* Rodolphe II. RVDOLPHVS.II.D.G.R.I.S.AVG.GER.HV.BO.REX. L'Empereur armé, debout entre les écus de Bohême et de Hongrie. R⁄. Double aigle. 1610. 10 ducats. Or. Belle.

636 Ferdinand II. FERDINANDVS.II.D.G.R.I.S.A.G.H.BO.REX. L'Empereur comme au précédent. R⁄. Le même. 1636. 5 ducats. Or. TB.

*

637 Ferdinand III. FERDIN : III.D : G : R : IMPERATOR.S : A : Son buste lauré et armé avec large collerette en dentelles. R⁄. Double aigle portant l'écu de Bohême. 1641. 10 ducats. Or. Très belle pièce.

638 *Hongrie.* Sainte Élisabeth. ELISABETA.FILIA . ANDR . REG . VNGAR . OBIIT . MARB.AN.M.CC.XXI : Buste couronné à g. R⁄. + DISPERSIT.DEDIT. PAVP:IVST : EIVS.MANET.IN.SECVL.SECVLI. Église. Or. « Judenmedaille. » 51 mm. TB.

639 Sigismond. Saint Ladislas debout. R⁄. Écu de Hongrie-Bohême. Ducat. Or. TB.

640 Mathias Corvin. Saint Ladislas. R⁄. La Vierge. Ducat. Or. TB.

641 Louis II. Écu parti de Hongrie-Anjou. Ducat. Or. TB.

642 Ferdinand I. Saint Ladislas. 1544. R⁄. La Vierge. Ducat. Or. TB.

643 Ferdinand III. Thaler de 1657. Arg. TB.

644 Léopold I. Buste lauré et armé, les 2 écus de Hongrie dans la légende. R⁄. Double aigle portant l'écu de Hongrie-Bohême. 1703. 6 ducats de Nagybanya. Or. Très belle pièce.

645 L'Empereur debout. R⁄. La Vierge. 1696. Ducat. Or. TB.

646 Buste lauré à dr. 1665. Thaler. Arg. TB.

647 Charles VI. L'Empereur debout. R⁄. La Vierge. 1721. Ducat. Or. TB.

648 Marie-Thérèse. L'Impératrice debout. R⁄. La Vierge. 1744. Ducat. Or. FDC.

649 *Silésie.* Ferdinand III. FERDINAND : III.D : G : H : B : REX. Buste fraisé et armé à dr. R⁄. Écu couronné, écartelé de Hongrie-Bohême, sur le tout, d'Autriche. 1629. 10 ducats de Glatz. Or. Superbe pièce. FDC.

650 *Transylvanie.* Gabriel Bethlen. GABRIEL . D . G . REGNORVM . HVNGARIÆ. Buste coiffé d'un bonnet de fourrure avec panache, à dr. R⁄. TRANSYL : PRINCEPS.AC.SICVLORVM.COM. Écu couronné écartelé. Médaille de 7 ducats. Or. TB.

651 Buste armé à dr.; les 2 écus de Hongrie dans la légende. R⁄. L'écu précédent. 1621. Thaler. Arg. Très beau.

652 *Tyrol.* Ferdinand le Fort, landgrave. Thaler. Arg. TB.

653 Rodolphe II. Double thaler. 1604. Arg. FDC.

654 Léopold, landgrave. Buste en camail. 1620. Thaler. Arg. TB.

655 Léopold et Claudia. Bustes accolés. R⁄. Aigle éployée. Double thaler. Arg. Très belle pièce.

656 Sigismond-François, landgrave. Thaler de 1665. Arg. TB.

657 Léopold I. Buste lauré dans une guirlande. R⁄. Aigle éployée. Double thaler. Arg. Très belle pièce.

658 Joseph I. Thaler de 1711. Arg. FDC.

659 *Olmütz.* Charles de Lorraine. 1704. Thaler. Arg. TB.

660 *Salzbourg.* Wolfgang-Théodoric. WOLF : TEODORIC : ARCHIEP : SALISB :

SED : AP : LEG : Écu entre saint Ripert et saint Virgile. R⚥. IN.DOMINO. SPERANS.NON.INFIRMABOR.1594. Tour battue par les vents. 8 ducats. Or. Magnifique pièce. FDC.

661 Paris, comte Lodron. ECCLES.METROP.SALISB.DEDICATVR : 25 : SEPT : A PARIDE.ARCHIE.1628. Cathédrale entre les deux saints; au bas, écu. R⚥. + SS.RVPERTVS.ET.VIRGILIVS.PATRONI.TRANSFERVNTVR.24.SEPT. Châsse portée par des évêques. 8 ducats. Or. Extrêmement belle.

662 Pièce de 4 ducats aux mêmes types. Or. FDC.

663 Thaler de 1634. Arg. TB.

664 Maximilien-Gandolphe. MAXIMIL : GANDOLPH' D : G : ARCHIEPS : SALISB : SE : AP : LE : S : R : I.PR : 1668. Écu entre DEO-DVCE. R⚥. SS : RVDBERTVS.ET.VIRGILIVS.PATRONI.SALISBVRGENSES. Les deux saints et la cathédrale. 3 ducats. Or. Extrêmement belle.

665 Sigismond de Schrattenbach. Buste à dr. R⚥. Écu dans un manteau. 1766. Double ducat. Or. FDC.

666 Tableau de la Vierge. R⚥. Saint Ripert. 1754. Thaler. Arg. FDC.

667 *Ordre teutonique.* Maximilien. Thaler de 1618. Arg. Très beau.

668 *Anspach.* Charles-Guillaume-Frédéric. CAR.WILH : FRID : MARCH : BRAND : ON : Buste armé à g. R⚥. SALVS.PVBLICA.SALVS.MEA. Grand écu couronné à 20 quartiers; en cœur, de Hohenzollern. Couronne et manteau. Au bas, la date 1700. Essai en or du demi-écu. Très rare. Très belle pièce. Petite cassure au bord inférieur.

669 *Batenbourg.* Guillaume de Bronckhorst. Buste armé à g. R⚥. Aigle impériale. Thaler au titre de Ferdinand. Arg. B.

670 *Bavière.* Louis I. Prise de possession de la Régence. 1825. 2 gulden. Arg. Très beau.

671 La famille royale. Neuf médaillons. 1828. 2 gulden. Arg. FDC.

672 Othon élu roi de Grèce. 1832. 2 gulden. Arg. FDC.

673 Statue de Maximilien-Joseph à Munich. 1835. 2 gulden. Arg. FDC.

674 *Brandebourg.* Albert III. Saint Jean-Baptiste. R⚥. Cinq écus en croix. Florin. Or. TB.

675 *Brandebourg-Franconie.* Albert. Buste armé à g. 1550. Thaler. Arg. TB.

676 Christian. Buste à dr. R⚥. Écu écartelé sur un cartouche. 1642. Ducat. Or. FDC.

677 *Brunswick-Lunebourg.* Frédéric. Buste à dr., légendes gothiques. 1639. Thaler. Arg. TB.

678 *Brunswick-Wolfenbüttel.* Henri-Jules. Thaler au sauvage. 1606. Arg. TB.

679 *Hanovre.* Georges V. Thaler des mines du Hartz. 1855. Arg. TB.

680 Cinquantenaire de Waterloo. 1865. Thaler. Arg. TB.

681 *Mansfeld.* Hoyer VI, Gebhard VII, Albert VII et Philippe II. Écu. R⚥. Saint Georges à cheval à g. 1535. Thaler. Arg. Très beau.

682 Gebhard VII, Jean-Georges et Pierre-Ernest. Deux écus. R⃫. Saint
Georges à cheval à dr. 1557. Thaler. Arg. TB.

683 *Oldenbourg.* Nicolas-Frédéric-Pierre. 1866. Thaler. Arg. TB.

684 *Prusse.* Guillaume I et Augusta. 1861. Thaler, 1/6 thaler, 2 1/2 gros,
1 gros. — Ens. 4 p. Arg. et bil. TB. et FDC.

685 *Saxe-Weimar.* Frédéric-Guillaume et Jean. Bustes au droit et au revers.
1585. Thaler. Arg. TB.

686 Jean-Ernest et ses fils. Quatre bustes de chaque côté. 1614. Ducat. Or.
FDC.

687 *Saxe, ligne Albertine.* Jean-Georges I. Thaler de 1623. Arg. TB.

688 Jubilé de la Confession d'Augsbourg. Buste de Jean-Georges I. 1630.
R⃫. Buste de Jean. 1530. Double ducat. Or. TB.

689 *Augsbourg.* Buste de Ferdinand III. R⃫. Vue de la ville. 1639. Thaler.
Arg. Très beau.

690 Bustes accolés de Ferdinand III et d'Éléonore. R⃫. Pomme de pin dans
un cartouche. 1657. Double ducat. Or. Extrêmement beau.

691 *Brême.* Thaler de la nouvelle Bourse. 1864. Arg. FDC.

692 *Eisleben.* Buste de Luther de face. 1661. R⃫. Vue d'Eisleben et écu. Lég.
gothiques. Thaler. Arg. TB.

693 *Francfort.* Sigismond. Ducat. Or. TB.

694 Thaler du centenaire de Schiller. 1859. Arg. TB.

695 *Nuremberg.* MONETA.REIPUB.NORIMBERGENSIS. 1698. Vue de la Ville. R⃫.
EXOPTATA.DIV.PAX.COELI.EX.MVNERE.VENIT. La Paix debout; au bas,
deux anges tenant des écus. 6 ducats pour la paix de Ryswick. Or.
Très belle pièce.

696 *Ratisbonne.* FRANCISCUS.D.G.ROM.IMP.SEMP.AVG. Son buste lauré à dr.
R⃫. TALI.SUB.CUSTODIA. Aigle planant sur la ville. 8 ducats. Or.
Superbe pièce.

697 **Angleterre.** Ethelred II, Cnut, Henri II, Jean sans Terre, Édouard III.
— Ens. 6 deniers. Arg. TB.

698 Édouard III. Le roi debout dans une nef, tenant l'épée et l'écu. R⃫.
Croix cantonnée de quatre léopards. Noble. Or. TB.

699 Édouard IV. Type précédent, une rose sur la nef. R⃫. Rose étoilée sur
une croix cantonnée de léopards. MM. Crown. Noble à la rose. Or.
TB.

700 Élisabeth. Buste couronné à g. R⃫. + SCVTVM.FIDEI.PROTEGET.EAM. Écu
couronné. Demi-souverain. Or. TB.

701 Jacques I. Buste couronné à dr. R⃫. HENRICVS.ROSA.REGNA.IACOBVS. Écu
couronné. Britain Crown. Or. TB.

702 Georges II. Lima. Demi-couronne. 1746. — Lima. Shilling. 1745. —
Ens. 2 p. Arg. FDC.

703 *Aquitaine.* Édouard III. + EDWARDVS.D.G.REX.ANGLIE.DNS.AQITANIE.
HB. Léopard couronné. R⁄. + XPC.etc. Croix. Léopard d'or. TB.

704 Richard II. **RICARD'DEI : GRA'.REX : ANGL'. ≤ : FRANC'.D.
HIB'.≤.AQ**.Le roi debout dans une nef. R⁄. Croix cantonnée de
4 léopards. Noble. Or. TB. Rare.

705 *Écosse.* Marie Stuart et Henri. Écu. R⁄. Arbre. 1565. Demi-couronne.
Arg. TB.

706 *Danemark.* Christian II et Christophe d'Oldenbourg. Le roi assis. R⁄.
Écu d'Oldenbourg. 1535. Monnaie de nécessité (Maillet, S. 29, 1).
Arg. B. Rare.

707 **Espagne**. Philippe IV. Armes d'Espagne avec, en cœur, l'écu de Portugal. 1635. 8 réaux. Arg. TB.

708 Don Carlos. CAROLVS VII DEI GRACIA. Tête laurée. 1874. R⁄. HISPANIA-
RVM REX P.5. Écu couronné. 5 pesetas. Essai. Tranche lisse. Arg.
FDC.

709 CAROLVS VII REY DE LAS ESPAÑAS. Tête laurée. R⁄. DIOS.PATRIA.Y.REY.
1874.5.P. Écu couronné. 5 pesetas. Essai. Tranche cannelée. Arg.
FDC.

710 **France**. *Carolingiens*. Charlemagne. Denier de Melle. 2 p. var. Arg.
TB.

711 Louis le Débonnaire. Obole de Melle. Arg. TB.

712 — Denier au temple, 3 variétés. Arg. TB.

713 Charles le Chauve. Angers. Blois. — Ens. 2 deniers. Arg. TB.

714 — Clermont. Denier. Arg. TB.

715 — Curtisson. Le Mans. Orléans. — Ens. 3 den. Arg. TB.

716 — Melle. 2 den. variés et 1 obole. — Ens. 3 p. Arg. TB.

717 + GRATIA DI REX. Monogramme de Charles. R⁄. + ROTVMACVS CIVII.
Croix dans un grènetis. Rouen. Denier. Arg. TB. Rare.

718 Louis II. + MISERICORDIA D-I REX. Monogr. R⁄. + TVRONES CIVITAS.
Croix. Tours. Denier. Arg. TB. Rare.

719 Eudes. Blois. Limoges. Toulouse. — Ens. 3 den. Arg. TB.

720 Charles le Simple. Le Mans. Le Palais. — Ens. 2 den. Arg. TB.

721 Lothaire I. + HLOTHARIVS.IMP.AV. Croix. R⁄. PAPIA. Pavie. Denier.
Arg. TB.

722 *Capétiens* ¹. Deniers de Philippe I, Louis VI, Louis VII, Philippe II.
Gros tournois de Louis IX, Philippe III. — Ens. 7 p. Arg. et Bill. B.

723 Philippe III. PHILIPP : DEI : GRA : FRACHORV : REX. Le roi assis, entre
2 fleurs de lis. R⁄. XPC : VICIT : XPC : REGNAT : XPC : IMPERAT. Croix
feuillue cantonnée de 4 lis (3). Masse d'or. Très belle pièce. Rare.

---

1. Les numéros entre parenthèses se rapportent à l'ouvrage d'Hoffmann : *Monnaies royales de
France.*

724 Philippe IV. Gros tournois, maille tierce, royal double, bourgeois, maille. Louis X. Gros tournois. — Ens. 6 p. Arg. et Bill. B. et TB.

725 Philippe V. +.AGN.DI.etc. Agneau porte-bannière ; dessous, PH'.REX et marteau. R⨍. XPC.etc. Croix dans un quadrilobe (1). Agnel. Or. Très beau. Rare.

726 Charles IV. KOL.REX.FRACOR. Le roi debout sous un dais gothique. R⨍. XPC.etc. Croix dans un quadrilobe cantonné de 4 couronnes (2). Royal d'or. Très belle pièce.

727 Philippe VI. PHS.REX.FRACOR. Le roi debout sous un dais. R⨍. Le précédent (1). Royal d'or. TB.

728 + PHILIPPVS.etc. Le roi assis sur un siège gothique. R⨍. + XPC.etc. Croix dans un quadrilobe (3). Écu d'or. TB.

729 PH': DEI : GRA.FRANC : REX. Le roi tenant 2 sceptres, assis sous un dais. R⨍. + XPC : etc. Croix cantonnée de 4 couronnes dans une rosace ornée de feuilles (11). Double royal d'or. Très belle pièce.

730 + PHILIPPVS.etc. Le roi assis sur un trône gothique dans une rosace. R⨍. + XPC : etc. Croix arquée dans un quadrilobe (14). Chaise d'or. TB.

731 Jean le Bon. Le roi assis sur un trône gothique. R⨍. Croix dans un quadrilobe (1). Écu d'or. TB.

732 Saint Jean-Baptiste. R⨍. FRANTIA. Lis (11). Florin. Or. TB.

733 Le roi debout sous un dais. R⨍. Croix arquée, cantonnée de 4 lis (7). Royal d'or. B.

734 Le roi galopant à g. R⨍. Croix dans un quadrilobe (10). Franc à cheval. Or. Beau.

735 — Gros variés (16, 25, 31, 39). Charles V. Blanc au K (7). — Ens. 5 p. Bill.

736 Charles V. Le roi debout sous un dais (2). Franc à pied. Or. TB.

737 Charles VI. Agneau à g. ; dessous, K.F.RX (4). Agnel. Or. B.

738 Henri VI. Écus accolés et l'Annonciation. R⨍. Croix entre un lis et un léopard. Rouen (2). Salut d'or. TB.

739 Charles VII. Écu accosté de 2 couronnes. R⨍. Croix arquée dans un quadrilobe. La Rochelle (3). Écu à la couronne. Or. TB.

740 Le roi debout, entouré de lis. R⨍. Croix dans une rosace. Angers (9). Royal d'or. TB.

741 Florette, grand blanc, patard delphinal. Louis XI. Grand blanc. — Ens. 5 p. Bill. B. et TB.

742 Louis XI. Écu au soleil. Rouen (1). Or. Beau.

743 Charles VIII. Écu au soleil. Mâcon (2). Or. TB.

744 Carolus, douzain, cavallo d'Aquila. Louis XII. Douzain, dizain. — Ens. 6 p. Bill. et cuivre. B. et TB.

745 Louis XII. Écu au soleil. Lyon (1). Or. TB.

746 — Écu au porc-épic (6). Or. B.

747 — Écu au soleil. R⁄. Croix cantonnée de 2 F et de 2 lis. Lyon (4). Or. TB.

748 — Écu à la croisette. Croix dans une rosace. Toulouse (12). Or. Beau.

749 — Ecu du Dauphiné. Champ écartelé (19). Or. TB.

750 Buste radié et cuirassé à dr. R⁄. NON.NOBIS.etc. Écu couronné dans une rosace. Lyon (81). Teston. Arg. TB.

751 Henri II. Buste cuirassé. R⁄. DVM.TOTVM.COMPLEAT.ORBEM.1560. Croix de 4 H couronnés, cantonnée de 2 lis et 2 croissants. Lyon (26). Double Henri d'or. Beau.

752 — Même droit. R⁄. Écu entre 2 H. 1556. Lyon (35). Teston. Arg. Très beau.

753 Buste lauré. R⁄. CHRS.etc. Écu. 1554. A (57). Teston au moulin. Arg. TB.

754 Testons. 1554. Lyon (59). — 1559. Toulouse (65). — Ens. 2 p. Arg. TB.

755 Charles IX. Teston de Henri III, daté 1561. Bayonne. Arg. TB.

756 Écu au soleil. 1566. Rouen (1). Or. TB.

757 Henri III. Écu au soleil. 1578. Bordeaux (6). Or. Beau.

758 Franc. 1582. C. — Demi-franc. 1587. C. — Ens. 2 p. Arg. B.

759 Henri IV. Quart d'écu, demi-franc. — Ens. 2 p. Arg. B.

760 Louis XIII. Demi-franc. 1615. Saint-Lô (60). Arg. B.

761 Demi-écu, 15 et 5 sols. — Ens. 3 p. Arg. TB.

762 Louis XIV. LVD.XIIII.D.G.FR.ET.NAV.REX. Tête laurée à dr. 1701. R⁄. CHRS.REGN.VINC.IMP. Croix de 8 L couronnés, sur le sceptre et la main de justice. Paris (35). Double louis. Or. Très beau.

763 Demi-louis aux mêmes types. Besançon (37). Or. Beau.

764 Tête laurée. 1695. R⁄. Croix de 4 lis cantonnée de 4 L. Clermont (33). Louis d'or. Beau.

765 Écu. 1648. H (74). Demi-écu. 1652. I (76). Quart. 1650. A (77). Douzième. 1643. A (63). — Ens. 4 p. Arg. TB.

766 Écu du Parlement. 1681. Aix (113). Arg. Très beau.

767 Écu aux trois couronnes. 1711. Amiens (187). Arg. TB.

768 Louis XV. Buste drapé à g. R⁄. Deux écus couronnés. 1726. H (16). Louis aux lunettes. Or. Très beau.

769 Écu de Navarre. 1718. Perpignan (34). Arg. Très beau.

770 Écu de 6 livres. 1748. Lille (56). Arg. Très beau.

771 Louis XVI. Écu constitutionnel. 6 livres. 1792. Limoges (60). Arg. TB.

772 *Arles*. Étienne de La Garde. Florin au saint Jean-Baptiste. Or. TB.

773 *Bar*. Édouard I. + EDWERDVS : C : BAX. Autour + BNDITV : etc.
Croix. R⁊. BRANCORVM. Châtel tournois, le tout dans une bordure de
12 lis. Gros (manque à Saulcy). Arg. TB. Très rare.

774 Yolande. + YOLANDIS.FLAD.COMITISSA.BARRANSIS : Écu écartelé de Baʳ
et de Flandre accosté de 3 couronnes dans un quadrilobe. R⁊. +
MONETA.S.MICHAELIS. Autour + BNICTV.etc. Croix cantonnée de 4
couronnes. Plaque. Arg. TB. Rare.

775 *Dauphiné*. Humbert II. Florin au saint Jean-Baptiste. Or. TB.

776 *Provence*. Jeanne de Naples. Saint Jean. R⁊. Écu parti de Jérusalem-
Anjou. Florin. Or. TB.

777 *Besançon*. Charles-Quint debout. 1659. Daldre. Arg. TB.

778 *Metz*. Buste de saint Étienne à g. R⁊. Écu de la ville. 1638. Thaler.
Arg. TB.

779 *Strasbourg*. + OMNIS.TERRA.ADORET.DEVM.ET.PSALLAT.EI.+ LVX.POST.
TENEBRAS.MDXVII : Écu de la ville R⁊. Légende en 10 lignes. Thaleɪ
du jubilé de la Réforme. Flan carré. Arg. Très beau. Rare.

780 **Italie**. *Bénévent*. Romoald II. DNIVSTINIANPPE. Buste de face, tenant le
globe. R⁊. VICTORIOSVS. Croix sur 3 degrés ; à g., R ; au bas, CONOB.
Sou d'or. TB.

781 — DNIVSTINIAN. Même buste. R⁊. VICTORIAS. Croix sur un degré ; à g.,
R ; au bas, CONOB. Triens. Or. TB.

782 Grégoire. DVIIVEZV. Buste de face avec le globe. R⁊. VIVTORVIV-
SVZo. Croix sur 3 degrés ; à g., Ç ; au bas, CONOB. Sou d'or. TB.

783 Gisulf II. DNI INVS PP. Buste de face avec le globe. R⁊. VICTOR-
ΔÇVSTO. Croix sur 4 degrés ; à g., Ω ; à dr., Ç ; au bas, CONOB.
Sou d'or. FDC.

784 Anonyme (vers 758). DNI INVS PP. Buste de face avec le globe. R⁊.
VICTORVSVÇTO. Croix sur 4 degrés ; à g., une main ; au bas,
CONOB. Triens. Or. TB.

785 *Arichis II*. DN S VICTORIA. Buste de face avec le globe. R⁊. VIC-
TIR ⱱPRINPI. Croix sur 3 degrés ; à g., A ; dessous, C·ONO·B.
Sou d'or. TB.

786 + DNS VICTORIA. Même buste. R⁊. VITIRⱱ PRINPI. Croix sur un
degré ; à g., A ; au bas, C·ONO·B. Triens Or. TB.

787 Grimoald III et Charlemagne. GRIMVAL DVX (en monogr.). Buste de
face. R⁊. DOMS ∴ CAR·REX (en monogr.). Croix sur un degré
entre Ç-R ; au bas, VIC. Triens. Or. TB.

788 Grimoald seul. GRIMVALD. Buste de face avec le globe. R⁊. VIC-
TORⱱ ∴ PRINCIP. Croix sur 3 degrés entre Ç-R ; au bas, C·ONO·ᗺ.
Sou d'or. TB.

789 — Même droit. R⁊. Même lég. Croix sur un degré. Triens. Or. TB.

790 Sicard. **SICARDV**. Buste de face avec le globe. R⸜. **VICTORA ⸪ PRIN-CIP**. Croix sur 2 degrés, entre **S-I** ; au bas, **CONOB**. Sou d'or. TB.

791 — Mêmes types, sans degré sous la croix. Triens. Or. TB.

792 *Bologne* (1376-1401). S.PETRONIVS.DE.BONONIA. Le saint assis. R⸜. BONONIA.DOCET. Lion porte-bannière. Double écu. Or. Très belle pièce.

793 Anonyme des papes (1401-1416). S.PETRVS.APOSTOLVS. Le saint debout. R⸜. Même lion. Sequin. Or. TB.

794 *Cortemiglia*. + FLOR.GX.CHA. Lis. R⸜. S.IOHANNES.B. Le saint debout. Florin. Or. TB.

795 *Deux-Siciles*. Charles-Quint. Buste lauré et cuirassé. R⸜. Écu sur la double aigle. Demi-ducaton. Arg. TB.

796 Tête laurée. R⸜. Même type. Taro. Arg. TB.

797 Ferdinand IV et Marie-Caroline. Bustes accolés. Écu. 1791. Arg. B.

798 Ferdinand IV. Buste cuirassé à dr. R⸜ Phénix. Écu de 30 tari. 1793. Arg. TB.

799 *Dezana*. Antonio Maria Tizzone. DELPHINVS.PAT.ANT (60) MAR.TIT.B. L.COM.DEC. Buste armé à dr. R⸜. ET.SACR.I.ROMANI.IMPER.VICARII. PERPE. Double aigle (Promis, V, 2). Tallero. Arg. TB. Très rare.

800 *Ferrare*. Hercule II d'Este. Écu.R⸜. Sainte Madeleine au pied de la croix. Écu d'Or. TB.

801 *Gênes*. Pierre Campofregoso. + : P : C : DVX : IANVEN : XXVI : Portail génois. R⸜. Croix. Genovino. Or. TB.

802 Écu à la Vierge. 1679. Arg. TB.

803 Deux anges couronnant la Vierge. 1698. Double écu. Arg. Très belle pièce.

804 *Lucques*. Scudo au saint Martin. 1753. Arg. Beau.

805 *Malte*. Jean Levêsque de la Cassière. Le Grand-Maître recevant la bannière. R⸜. Le Christ dans une ellipse. Sequin· Or. TB.

806 Hugues de Loubens-Verdala. Mêmes types. Sequin. Or. TB.

807 Martin de Garzès. Mêmes types. Sequin. Or. TB.

808 Emmanuel de Rohan. Son buste cuirassé à dr. Écus accolés de Malte et de Rohan. 20 écus d'or. Extrêm. beau.

809 *Mantoue*. Ferdinand. FERDIN.D.G.DVX : MANT : VI. Buste fraisé et cuirassé. R⸜. ET.MONTIS.FERRATI. Écu couronné. Quadruple. Or. Très beau. Rare.

810 *Milan*. Philippe Marie Visconti. Le duc au galop à dr. R⸜. Écu heaumé dans un quadrilobe. Florin. Or. TB.

811 Galeas-Marie Sforza. Teston. — Jean-Galéas-Marie Sforza. Teston. — Ens. 2 p. Arg. B. et TB.

812 Charles-Quint. Buste lauré et cuirassé. R⸜. Deux colonnes (G. XXV. 4). Teston. Arg. Beau et rare.

813 Philippe II. Buste cuirassé. 1593. R⁀. Écu couronné, écartelé de Milan. Grand écu. Arg. Beau.

814 *Modène.* Hercule II. Croix fleuronnée. R⁀. Saint-Géminien assis à g. Écu d'or. TB.

815 *Monaco.* Honoré II. Buste drapé. R⁀. Écu fuselé. 1653. Grand écu. Arg. Beau.

816 Louis I. LVD.I.D.G. ✱ PRIN.MONOECI. Buste cravaté à dr. R⁀. VALENT.PAR. FRANCIÆ. &. 1666. Écu couronné. Grand écu. Arg. TB. Rare.

817 Honoré V. Tête à dr. R⁀. Écu tenu par 2 moines. 1837. 5 francs. Arg. TB.

818 *Plaisance.* Le pape Paul III. Écu des Farnèse sommé des emblèmes papalins. R⁀. Croix fleurdelisée, cantonnée de P.I.A.C. Écu d'or.

819 *Rome.* Étienne VII et Arnolfe. + SCS.PETRVS, Dans le champ STEFAN en monogr. R⁀. + ARNOLFVS MP. Dans le champ ROMA en monogr. Denier. Arg. TB. Rare.

820 Soulèvement. ROMA.CAPVT.MVNDI. Femme assise de face. R⁀. SENATVS. P.Q.R. Lion à g. Gros. Arg. TB.

821 Brancaleone. Même droit. R⁀. BRANCALEO S.P.Q.R. Lion à g. Gros Arg. TB.

822 Nicolas V. Écu aux 2 clefs. R⁀. Saint Pierre debout. Sequin. Or. TB.

823 Paul II. Écu des Barbo. R⁀. Les deux Apôtres. Sequin. Or. TB.

824 Urbain VIII. Buste à dr. R⁀. L'Archange Michel. An XI. Scudo. Arg. Très belle pièce.

825 Alexandre VII. Saint Pierre et l'écu des Chigi. R⁀. Saint Thomas et le pauvre. Scudo. Arg. Très beau.

826 — Teston à la balance. — Grosso. — Ens. 2 p. Arg. TB.

827 Clément X. Buste à dr. R⁀. Ouverture de la porte de Saint-Pierre. 1675. Scudo. Arg. TB.

828 — Écu des Altieri. R⁀. Le précédent. 1675. Scudo. Arg. TB.

829 Innocent XI. Buste à dr. R⁀. Saint Mathieu. Scudo. Arg. TB.

830 Innocent XII. Buste à dr. R⁀. Le pape et le consistoire. 1696. Scudo. Arg. Beau.

831 — Écu des Pignatelli. R⁀. Pélican et sa Piété. Demi-scudo. Arg. TB.

832 — Autre. Le pape agenouillé. 1697. Demi-scudo. Arg. TB.

833 — Buste à dr. R⁀. Prédication de saint Jean. 1699. Demi-scudo. Arg. TB.

834 Clément XI. Écu des Albani. R⁀. La Présentation au Temple. 1704. Scudo. Arg. TB.

835 — Autre. Vue du pont et de Civitacastellana. Scudo. Arg. TB.

836 — Vue de la ville d'Urbino. 1705. Demi-scudo. Arg. TB.

837 Clément XII. Buste à dr. R⁀. Façade de Saint-Jean-des-Florentins. 1736. Demi-scudo. Arg. FDC.

838 Benoît XIV. Buste à dr. Ry. La Sainte Église. 1754. Scudo. Arg. Beau.

839 Pie VI. PIVS.VI.PONT.MAX.AN.XII. Écu des Braschi. Ry. S. PETRON. BON.PROT.AN.1787. Le saint assis sur les nues; au-dessous, les écus de Bologne et du légat Archetti. ZECC.10. 10 sequins. Or. Très belle pièce.

840 — Même écu. Ry. La Sainte Église. 1870. Scudo. Arg. TB.

841 — 60 Baiocchi. 1795. — Teston. 1790. — Ens. 2 p. Arg. TB.

842 Pie VII. Écu des Chiaramonti. Ry. La Sainte Église. 1802. Scudo. Arg. TB.

843 Léon XII. Buste à g. Ry. La Sainte Église. 1825. Arg. Très beau.

844 Siège vacant. Écu du Camerlingue Galeffi. 1830. Ry Le Saint-Esprit. Scudo de Bologne. Arg. TB.

845 Grégoire XVI. Buste à g. Ry. La Présentation au Temple. 1831. Scudo. Arg. FDC.

846 *Toscane*. Cosme III. Buste à dr. Ry. Baptême du Christ. 1677. Écu. Arg. TB.

847 — Piastre au port de Livourne. 1683. Arg. TB.

848 — Demi-tallero de Livourne au vaisseau. 1685. Arg. B.

849 Pierre-Léopold. Tallero de Pise. 1769. Arg. TB.

850 Léopold. Tallero de Pise. 1783. Arg. Beau.

851 Louis II. Écu de Pise. 1826. Arg. FDC.

852 — Même pièce variée. 1834. Arg. Extrèmement belle.

853 *Venise*. Louis Manin. 10 lire. 1795. Arg. FDC.

854 **Pays-Bas**. *Artois*. Philippe IV. Patagon. 1635. Arg. B.

855 *Brabant*. Charles-Quint. Buste armé de face. Ry. Écu d'Espagne-Pays-Bas sur la double aigle. Anvers. Réal d'or. Très beau.

856 — CARO. etc. Écu des Pays-Bas. Ry. Croix fleurdelisée cantonnée de 4 aigles. Anvers. Couronne d'or. TB.

857 Albert et Isabelle. ALBERTVS.ET.ELISABET.DEI.GRATIA.ARCHIDVCES. Les Archiducs assis de face. Ry. AVSTRIÆ.DVCES.BVRGVNDIÆ.ET.BRABANT. Grand écu couronné. Anvers. Double souverain. Or. Très belle pièce.

858 ALBERTVS. etc. Croix cantonnée de 2 lions et de deux briquets. Ry. ARCHID. etc. Grand écu couronné accosté de 2 briquets. 1616. Anvers. Couronne d'or. TB.

859 Philippe IV. PHIL.IIII.D.G.HISP.ET.INDIAR.REX. 1641. Buste couronné et armé à dr. Ry. ARCHID. etc. Grand écu couronné. Bruxelles. Double souverain. Or. TB.

860 Philippe V. Buste armé à dr. Ry. Écu couronné tenu par deux lions. 1703. Anvers. Ducaton. Arg. Très beau.

861 *Flandre*. Louis de Male. Le comte assis sur un trône gothique, tenant

l'épée et l'écu au lion. R⫯. Croix fleuronnée dans un quadrilobe. Nouvel écu d'or. TB.

862 *Hornes*. Philippe de Montmorency. Deux écus heaumés. R⫯. Saint Martin. Thaler. Arg. Beau.

863 *Luxembourg*. Charles IV. +KAROL : ROANOR : DITROEMEERE. Écu écartelé accosté de 3 couronnes dans un quadrilobe. R⫯. +MONETA LVCEEORG. Autour +BNDCT SIT NOM DNI : NRI IHVII : XP. Croix cantonnée de 4 couronnes. Plaque. Arg. TB. Très rare.

864 *Aviothe*. Godefroi. + GODEFRIDVS ⫶ DE ⫶ LOS ⫶ COME. Écu écartelé, accosté de 3 couronnes, dans un quadrilobe. R⫯. +MONETA ⫶ AVIOTHENSIS⫶ D. Croix cantonnée de 4 couronnes (Saulcy III. 3). Demi-plaque. Arg. Belle. Rare.

865 *Hollande*. MO : NO : ARG : CONFŒ : BELG : PRO : HOL : Cavalier et écu. R⫯. Écu tenu par deux lions. 1673. Piéfort du ducaton. Arg. Superbe pièce. FDC.

866 *Utrecht*. Cavalier et écu d'Utrecht. R⫯. Le précédent. 1784. Ducaton. Arg. FDC.

867 *Tournai*. Albert et Isabelle. (tour) ALBERTVS. etc. 1617. Les Archiducs assis de face. R⫯. AVSTRIÆ, etc. DOM.TORNA.⫯. Grand écu couronné entouré du collier de la Toison d'or. Double souverain. Or. Très belle pièce.

868 **Pologne**. Étienne Bathori. STEPHAN.D : G.REX.POLON.MAG.DVX.L. Buste couronné et armé à dr. R⫯. RVS.PRVS.MAS.SAM.LIVO.PRIN.TRAN. Écu écartelé. 1585. Thaler. Arg. TB.

869 Stanislas-Auguste. Buste à dr. R⫯. Écu. 1766. Thaler. Arg. TB.

870 Nicolas I. Un rouble 1/2 ou 10 Zlote. 1835. Arg. TB.

871 **Portugal**. Jean II. + IOANES : : SEGVDO : REGIS : P. Écu couronné. R⫯. + IOANES : SEGVDO : REGIS : PO. Croix dans un quadrilobe. Cruzade. Or. TB.

872 Sébastien. SEBASTIANVS : I : REXI : PORTVGALI. Écu couronné entre P-O. R⫯. IN.HOCE.SIGNO.VINCES. Croix. Moeda d'or. TB.

873 Pierre II. PETRVS.II.DG.PORTVG.REX. Écu couronné entre .4000. et 3 fleurons. R⫯. ET.BRASILIAE.DOMINVS.ANNO.1699. Croix dans un quadrilobe. 4000 reis. Or. TB.

874 Variété d'un autre style, datée 1700. 4000 reis. Or. TB.

875 *Lot*. Argent et cuivre. 5 p. B. et TB.

876 — Argent et cuivre. 4 p. B. et TB.

877 **Russie**. Thaler de Léopold, abbé de Murbach et Lure, 1620, contremarqué de Russie. Dans un deuxième poinçon, 1655. Arg. Rare.

878 Pierre I. Buste lauré et armé. R⫯. Aigle. Rouble. Arg. TB.

879 Pierre II. Buste lauré et armé. R⫯. Croix de 4 П. couronnés. Rouble arg. 1729. TB.

880 Anne I. Buste couronné. R⁄. Aigle. 1735. Rouble, Arg. TB.

881 Ivan III. Buste lauré enveloppé d'un manteau. R⁄. Aigle. 1741. Rouble.
Arg. TB.

882 Élisabeth I. Buste couronné. R⁄. Initiales couronnées. 1756. Poltina.
Or. FDC.

883 Buste décolleté. R⁄. Aigle. 1742. Rouble. Arg. TB.

884 — Variété. 1746. Rouble. Arg. TB.

885 — Même buste. R⁄. Mars sur un champ de bataille. 1759. Rouble pour
les victoires sur la Prusse. Arg. TB.

886 Catherine II. Buste couronné. R⁄. Quatre écus en croix. 1767. Demi-
impériale. Or. TB.

887 Même buste. R⁄. Aigle. 1779. Rouble d'or. FDC.

888 **Suisse.** *Bâle.* Basilic tenant l'écu de la ville. R⁄. BASILEA, 1793. Vue
de Bâle. Thaler. Arg. Très beau.

889 *Berne.* MONETA.REPUBLICAE.BERNENSIS. Écu. R⁄. BENEDICTVS.SIT.IEHOVA.
DEVS. 1679. Croix de 8 B. Thaler. Arg. Très beau.

890 Écu de Berne couronné. R⁄. Suisse debout. 1795. Thaler. Arg. TB.

891 Autre. La Suisse dans un ovale. 1798. Thaler. Arg. TB.

892 *Fribourg.* Écu couronné. 1813. R⁄. Suisse debout. 4 Franken. Arg.
FDC.

893 *Genève.* Écu sur un cartouche. R⁄. Double aigle couronné. 1723. Écu
patagon. Arg. TB.

894 *Grisons.* Hugo et Jean, comtes de Montfort. Écu dans un manteau. R⁄.
Double aigle avec le titre de Ferdinand II. 1621. Thaler. Arg. Beau.

895 *Lucerne.* Écu couronné. R⁄. Croix de 8 L. 1796. 40 Batz. Arg. TB.

896 Écu couronné. 1814. R⁄. Suisse debout. 4 Franken. Arg. TB.

897 *Soleure.* SANCTVS.VRSVS.MAR. Buste à dr. R⁄. MONETA.SOLODORENS. Aigle
au-dessus de l'écu. Teston. Arg. TB.

898 *Tessin.* Écu enguirlandé. 1814. R⁄. Suisse debout. 4 Franchi. Arg. TB.

899 *Zurich.* MON'NO'TVRICENSIS.CIVIT'IMPE' Lion à g. tenant l'écu et le
globe crucigère. R⁄. DOMINE.SERVA.NOS.IN.PACE. Double aigle couronnée (cf. Corag. V. 2.). Thaler. Arg. TB. Très rare.

900 Écu enguirlandé. R⁄. Légende dans une couronne. 1813. 40 batz. Arg.
TB.

901 **Orient latin.** *Antioche.* Bohémond IV. + BOAMVNDVS. Tête casquée à
g. R⁄. + ANTIOCHIA. Croix. Denier. 2 variétés. Arg. TB.

902 *Tripoli.* Boémond VI. + BOEMVNDVS : COMES. Croix dans un quadrilobe
anglé. R⁄. + CIVITAS : TRIPOLI. Étoile à 8 rais. Gros. Arg. TB.

903 Bohémond VII. + SEPTIMVS : BOEMVNDVS : COMES. Croix dans une épi-
cycloïde. R⁄. + CIVITAS : TRIPOLIS : SVRIE. Château à 3 tours. Gros.
Arg. TB.

904 Demi-gros aux mêmes types. Arg. TB.

905 *Chypre.* Hugues I. HVGO.REX.CYPRI. Le roi debout, type byzantin. R⳼.
IC-XC. Le Christ assis. Besant. Or. Concave. B. Troué.

906 Henri I. HEN... REX.CIPRI. Le roi debout. R⳼. Le précédent. Besant. Or.
Concave. B. Troué.

907 Henri II. HENRI REI DE. Le roi assis. R⳼. + IERVSAL'M ED CHIPR'. Croix de
Jérusalem. Gros. Arg. TB.

908 Variété. A g. du roi, une étoile. Gros. Arg. TB.

909 Autre avec une croisette. Au R⳼. E.DE.CHIPR. Gros. Arg. TB.

910 Même type sans différent avec REI.D'. R⳼. Le même avec ED' CHIPR.
Demi-gros. Arg. B.

911 Autre avec REI.DE et CHIP. Demi-gros. Arg. Beau.

912 Hugues IV. HVGVE.REI.DE. Le roi assis. R⳼. + IERVSAL'M.ED.CHIPR.
Croix de Jérusalem. Gros. Arg. TB.

913 Variété, avec B à g. du roi, et CHIPRE. Gros. Arg. TB.

914 Autre avec C à g. du roi, et CHIPR. Gros. Arg. TB.

915 Demi-gros aux mêmes types avec C. Arg. TB.

916 Autre sans lettre. Demi-gros. Arg. Beau.

917 Pierre I. + PIERE PAR LA GRACE D' DIEV ROI. Le roi assis tenant l'épée ;
à dr. l'écu de Lusignan. R⳼. + DE.IERVSALEM.E.DE.CHIPRE. Croix de
Jérusalem. Gros. Arg. TB.

918 Variété avec DIE.ROI et IERVZALEM. Gros. Arg. Beau.

919 Autre : PIERE PAR LA GRAC' DI DIE ROI et + D' IERVZALEM ED' CHIPRE.
Gros. Arg. TB.

920 Autre avec GRACE D' DI: ROI et CHIPR'. Gros. Arg. TB.

921 Autre avec D'.DE.RE. Gros. Arg. TB.

922 + PIERE ROI. * Même droit. R⳼. Le précédent. Demi-gros. Arg. B.

923 Pierre II. + PIERE PAR LA GRACE DE DIE ROI. Le roi assis, tenant le
sceptre ; à dr. l'écu. R⳼. D IERVZALEM ED CHIPRE. Croix de Jérusalem.
Gros. Arg. TB.

924 Variété avec D DIE ROI et E DE CHIPRE. Gros. Arg. TB.

925 Autre avec RO et DE IERVZALEM E DE CHIPRE. Gros. Arg. Beau.

926 Légende confuse. Même type. Au-dessus de l'écu, P. R⳼. + D.IERVZA-
LEM.⊃HIPRE. Croix de Jérusalem. Gros. Arg. TB.

927 + PIERE ROI. Même droit. R⳼. + D'IERVSALEM ED' CHIPR'. Même croix.
Demi-gros. Arg. B.

928 Jacques I. + IAQVE ROI D C. Lion R⳼. + EIERVZALEM. Croix. Denier.
Bill. TB.

929 Janus, + IANVS PAR LA GRACE DE DIE ROI. Le roi assis ; à dr., écu écartelé ; à g. s. R⳼. +D IERVZALEM D CIPRE D ARMENE. Croix de Jérusalem.
Gros. Arg. TB.

930 Jean II. IOAN REX : D Le roi assis ; à g. un chaudron. R⁄. + IERVZAL'M :
    E : D CHIPR. Croix de Jérusalem. Gros. Arg. TB.

931 + IEHAN.REI. Même type ; à g. une croisette. R⁄. + IERVSAL'M : ED' :
    CHIPR. Croix de Jérusalem. Gros. Arg. TB.

932 Louis de Savoie. + LVDOVICVS DEI GRACIA REX. Le roi assis. R⁄. +
    IERVZAM CIPRI ET ARMI. Croix de Jérusalem. Gros. Arg. TB.

933 Jacques II. ○IAC○O○BS○DEI G. Le roi à cheval à dr. R⁄. + ○R○IERVS○
    CIPRI○ET○ARM○. Croix de Jérusalem. Gros. Arg. TB.

934 *Rhodes*. Hélion de Villeneuve. Le Grand-Maître agenouillé devant la
    croix. R⁄. Croix terminée par 4 écus de l'Ordre. Gigliato. Arg. TB.

935 — Aspre aux mêmes types. Arg. TB.

936 Dieudonné de Gozon. Mêmes types. Gigliato. Arg. TB. Rare.

937 Pierre de Corneillan. Mêmes types. Gigliato. Arg. TB. Rare.

938 Roger de Pins. Mêmes types, une pomme de pin dans le champ du
    droit. Gigliato. Arg. TB.

939 Raymond Bérenger. Mêmes types ; un petit écu au droit. Gigliato. Arg.
    TB. Rare.

940 Jean-Fernandez de Heredia. Mêmes types. Au droit, une tour à deux
    étages. Gigliato. Arg. B.

941 — Mêmes types avec G sous la tour. Tiers de gigliato. Arg. Beau.

942 *Achaïe*. Guillaume. Charles I. Florent. Isabelle. Philippe de Tarente.
    Deniers tournois. — Ens. 5 p. Bill. B. et TB.

943 *Patras*. Jean II l'Ange. + ANGELVS.SAB.C. Croix. R⁄. DELLA.PATRA.
    Châtel tournois. Denier. Bill. TB. Rare.

944 + DVX.ANGELVS. Croix. R⁄. DE LA PATRI. Châtel tournois. Denier. Bill.
    TB. Rare.

945 *Athènes*. Guillaume de la Roche. Gui II. de la Roche. Deniers. — Ens.
    2 p. Bill. B. et TB.

946 Gauthier de Brienne. + DVX.ACTENAR. Croix. R⁄. + TEBAR.CIVIS. Dans
    le champ, un grand G. Obole. Bill. B. Très rare.

947 *Épire*. Jean II Orsini. Philippe de Tarente. Deniers tournois. — Ens.
    2 p. Bill. TB.

*
* *

948 **Médaillier** en noyer à double porte, 28 tiroirs avec cartons. Haut. 70
    cent., larg. 55 cent. prof., 33 cent.

LIVRES DE NUMISMATIQUE

949 *Barthélemy*. Manuels Roret. Num. ancienne. 1 vol. et atlas. — Num. moderne. 1 vol et pl. — Ens. Br.

950 *Bunbury*. Catalogue of the Collection of Greek Coins. London, 1896. 2 parties in-8°, 15 pl. et prix. Br.

951 *Cohen* (H.). Description générale des monnaies de la République romaine. Paris, 1857, in-4°, 75 pl. Rel.

952 — Description historique des monnaies frappées sous l'Empire romain depuis Pompée jusqu'à la chute de l'Empire d'Occident. 2e édition. Paris, 1880-92. 8 vol. in-8° avec nombr. fig. dans le texte. Rel.

953 *Damoreau*. Traité des négociations de banque et des monnoyes étrangères. Paris, 1727, in-8° nombr. pl. Rel.

954 *Dewamin*. Cent ans de numismatique française, 2e vol. Br.

955 *Dewismes*. Catalogue raisonné des monnaies d'Artois. Saint-Omer, 1866, in-8° 16 pl. Br.

956 *Ducarel* (A.C.). A series of Anglo-Gallic or Norman and Aquitain Coins. London, 1767, in-4° nombr. pl. Rel. veau avec belles armoiries or sur les plats.

957 *Leblanc*. Traité historique des monnaies de France. Fort in-4° nombr. pl. Rel. veau.

958 *Millin et Millingen*. Histoire métallique de Napoléon. Paris, 1854. Recueil in-4° de 74 pl. Br.

959 *Mionnet*. De la rareté et du prix des Médailles romaines, 3me édition. Paris, 1858. 2 vol. in-8°, pl. Rel.

960 *Montagu*. Collection de monnaies d'or romaines et byzantines. Paris, 1896, in-4°, 41 pl. et prix. Rel.

961 — Catalogue of the British and Anglo-Saxon series. London, 1895-96. 3 parties in-8°, 26 pl. et prix. Br.

962 — Catalogue of the Greek series. London, 1896-97. 2 parties in-8°, 15 pl. et prix. Br.

963 — La 2e partie, 5 pl. avec la 1re partie de *Bunbury*. 8 pl. Ens. 2 Catalogues avec prix. Br.

964 *Saulcy* (F. de). Éléments de l'histoire des ateliers monétaires du royaume de France. Paris, 1877, in-4°. Rel.

965 — Recherches sur les monnaies des ducs de Lorraine. Metz, 1841, in-

4°, 36 pl., suivi de : Monnaies des Comtes et Ducs de Bar. Metz, 1843, in-4°, 7 pl. Rel. ensemble.

966 — Planches de l'ouvrage de Gariel : Monnaies royales de France sous la race carlovingienne. 88 pl. (les 4 dernières manquent). En feuilles.

967 *Lot*. Une centaine de pl. différentes de médaillons romains par Dardel. En feuilles.

968 — Planches diverses.

969 — Brochures diverses, Catalogues de ventes publiques, etc. Grand lot à diviser.

MACON, PROTAT FRÈRES, IMPRIMEURS

www.ingramcontent.com/pod-product-compliance
Ingram Content Group UK Ltd.
Pitfield, Milton Keynes, MK11 3LW, UK
UKHW031755170726
13836UKWH00002B/995